Elisabeth Zoll (Hg.)

Wir bleiben!

Warum sich Frauen nicht aus der katholischen Kirche vertreiben lassen

HIRZEL

Bibliografische Information der Deutschen Nationalbibliothek
Die Deutsche Nationalbibliothek verzeichnet diese Publikation in der Deutschen
Nationalbibliografie; detaillierte bibliografische Daten sind im Internet unter
https://portal.dnb.de abrufbar.

1. Auflage 2023
ISBN 978-3-7776-3198-1 (Print)
ISBN 978-3-7776-3200-1 (E-Book, epub)

© 2023 S. Hirzel Verlag GmbH
Birkenwaldstraße 44, 70191 Stuttgart
Printed in Germany

Lektorat: Sabine Besenfelder, Tübingen
Umschlaggestaltung: semper smile, München
Umschlagmotiv: © shutterstock/ MIKHAIL GRACHIKOV
Satz: abavo GmbH, Buchloe
Druck und Bindung: CPI books GmbH, Leck

www.hirzel.de

Inhaltsverzeichnis

»Möglicherweise können nur die Gläubigen die Kirche noch aus ihrem Tief holen.«

Detlef Pollack, Religionssoziologe

Vorwort
Austreten oder Bleiben?
18 Katholikinnen schreiben und berichten

Kommt es für die katholische Kirche immer noch schlimmer? Die Negativ-Schlagzeilen reißen nicht ab. Missbrauchsskandale, deren schleppende Aufarbeitung und das kalte Gebaren der Kirchenspitze im Erzbistum Köln sind Ausdruck der tiefen Krise, in die sich die Kirchenspitze gesteuert hat. Wer will dieser Institution, diesen Bischöfen noch trauen? Viele Kirchenmitglieder stimmen mit den Füßen ab. Sie erklären in Scharen ihren Austritt.

Bleiben oder gehen? Auch die Frauen, die an diesem Buch mitgewirkt haben, stellten sich diese Frage im Laufe ihres Lebens. Sie blieben. Manche mit dem kleinen Beiwort »noch«. Ihr Ja zur Glaubensgemeinschaft ist kein leicht dahergesagtes Ja. Oft ist es der Ausdruck anhaltenden Ringens. Frauen in der katholischen Kirche finden mehr als einen Grund für Zorn und Enttäuschung, für Widerspruch und Verweigerung. Das ist nicht schönzureden. Die chronische Frauenbenachteiligung bleibt der tonnenschwere Stein des Anstoßes. Er hat die Dimension, die befreiende Botschaft des Evangeliums zu verdunkeln.

Und dennoch: Engagierte Katholikinnen aus Politik, Wirtschaft, Kultur und Gesellschaft erzählen persönlich, wie der Glaube ihr Leben und Tun prägt – und wie sie trotz der Erstarrung der Institution ihren Weg in der katholischen Kirche in Freiheit finden. Sie zeigen, was der Reichtum der christlichen Kirchen ist: Menschen, die mittels der Kraft ihres Glaubens versuchen, eine bessere Welt und ein solidarisches Miteinander zu gestalten.

Die Zugänge der Autorinnen sind unterschiedlich. Frauen wie Ursula Kalb von Sant'Egidio Deutschland oder Christel Neudeck, die mit ihrem verstorbenen Mann Rupert das »Komitee Cap Anamur« und das christlich-islamische Hilfswerk »Grünhelme« ins Leben gerufen hat, finden ihren Weg im direkten Einsatz für andere. Die Kirchenkabarettistin Ulrike Böhmer im Humor, Andrea Fleming in der Mitverantwortung für eine neue christliche Gemeinschaft, die Schriftstellerin Felicitas Hoppe und die Lyrikerin Nora Gomringer in der dichterischen Arbeit mit biblischen Geschichten und Gestalten.

Jüngere Katholikinnen wie Claudia Danzer, Gudrun Lux und Johanna Beck ringen auf ihre Weise um eine nicht-diskriminierende, menschenfreundliche katholische Kirche. Mit Ungeduld und Wut. Denn Klerikalismus und den Missbrauch der Frohen Botschaft zur Knebelung von Menschen kennt eine Frau wie Johanna Beck aus eigener Erfahrung, nicht bloß vom Hörensagen.

Allen Autorinnen verbindend ist: Katholisch-Sein ist mehr als ein Eintrag im Taufregister. Für die Politikerinnen Annette Schavan, Monika Grütters, Gerlinde Kretschmann, Gesine Schwan, Katrin Budde, Andrea Nahles, Malu Dreyer sowie die Konzernlenkerin Hubertine Underberg-Ruder ist der Glaube Ausdruck einer Haltung, die Politik und Wirtschaft gestaltet. Und die, wie die Diplomatin Susanne Wasum-Rainer in ihrem Beitrag schildert, auch auf internationaler Bühne ein wichtiger Kompass ist.

Solange solche Frauen zur katholischen Kirche halten, ist Bleiben und Mitgestalten eine echte Option.

Elisabeth Zoll, Ulm, 2023

Als Katholikin im Auswärtigen Dienst
Susanne Wasum-Rainer

Katholisch-Sein ist mir mit auf den Weg gegeben worden. Es ist ein Gefühl, das weder auf einer aktiven Entscheidung beruht, noch das Ergebnis einer tiefergehenden intellektuellen und kritischen Auseinandersetzung ist. Ich wurde in das Katholisch-Sein hineingeboren. In einer über mehrere Generationen hinweg gemischt-konfessionellen, nicht religiös lebenden Familie, wurde ich – wie zuvor meine Mutter und meine Geschwister – katholisch getauft. Katholische Traditionen haben mich beim Erwachsenwerden begleitet. Ich habe sie nie als einengend oder belastend erlebt. Das Gegenteil ist der Fall: In der Familie sind sie nicht so ausgelegt worden, dass sie eine solche Wirkung hätten bekommen können. Das »katholische Gefühl« ist Teil von mir geworden und geblieben. Den Widrigkeiten der katholischen Kirche zum Trotz blieb das katholische Gefühl mir erhalten. Ergebnis einer aktiven Entscheidung ist lediglich, mich nicht von der katholischen Kirche abzuwenden, wie viele es tun.

Die katholische Kirche hat für mich Schmerzhaftes und Unverständliches. Mir fehlt die Einsicht in die Notwendigkeit des Zölibats für Priester oder des Dogmas von der päpstlichen Unfehlbarkeit. Schmerzhaft ist, dass das Katholische eine Welt von Männern ist, die Frauen kategorisch eine Rolle zuweist und ihnen kaum Gestaltungs- und Mitentscheidungsmöglichkeiten zugesteht; dass es unzählige Fälle sexuellen Missbrauchs von Schutzbefohlenen und Kindern gibt und gegeben hat und dass die Aufklärung und Ahndung jahrzehntelang verschwiegen und unterdrückt wurde; dass die katholische Kirche in großen Zahlen Mitglieder verliert und riskiert, ihre wichtige gesellschaftliche Bedeutung einzubüßen, es ihr aber nicht gelingt, sich dieser Erosion entgegenzustellen und die Inhalte der christlichen Lehre mit Überzeugungskraft zu vermitteln. Sehr schmerzhaft ist für mich, dass die katholische Stimme Roms beim Zivilisationsbruch der Schoah nicht lauter zu vernehmen war. Auf der anderen Seite weiß ich um die Notwendigkeit genau dieser Kirche. Ich sehe die große friedenstiftende und humanitäre Arbeit der Kirche, der Orden und kirchlichen Organisationen weltweit, sehe lebendiges Gemeindeleben und spirituelle Begleitung von Menschen, sehe den Einsatz für Benachteiligte und höre die Worte des Papstes, der von uns Mitmenschlichkeit, Solidarität, Nächstenliebe, Respekt vor dem Leben und Bewahrung der Schöpfung fordert.

Vielleicht wäre aber auch bei mir die Frage berechtigt, ob ich wirklich katholisch bin. Formal ist es so, da ich ja getauft bin und der katholischen Kirche zugerechnet werde. Aber ich bin doch zu leichtfertig im Umgang mit Regeln, unwissend mit Bezug auf die Gesamtheit von kirchlicher Lehre und Dogmen und zu eigenmächtig in dem, was ich für mich gelten lasse und was nicht. Der Widerspruch ist mir bewusst. Einerseits schöpft mein Katholisch-Sein aus dem Reichtum der jahrtausendealten Kirche und ihren Traditionen, anderseits distanziere ich mich davon und hüte religiöses Empfinden wie einen persönlichen Besitz.

Tatsächlich zögere ich regelmäßig, zur Kommunion zu gehen, weil die Frage, ob mein Leben wirklich dem entspricht, was religiös von mir verlangt wird, ja nicht positiv beantwortet werden könnte; weil die Frage, ob es tatsächlich ein inneres Verlangen ist, den Leib Christi als Brot des ewigen Lebens zu empfangen, von mir ehrlicherweise nicht mit »Amen« beantwortet werden dürfte.

Meine Kindheit und Jugend fanden in Bacharach am Rhein statt, dem zu gleichen Teilen katholischen wie evangelischen Wohnort meiner Eltern und der väterlichen Großmutter, und dem bayerisch-katholischen Rott am Inn, dem Wohnort meiner mütterlichen Großeltern. Die Gymnasialzeit habe ich in einer katholischen Mädchenschule verbracht, an der evangelische Schülerinnen eine sehr kleine Minderheit waren, die den Religionsunterricht nicht mit uns teilten. Die Maria-Ward-Schwestern, die die Schule leiteten, sind mir rückblickend nicht etwa wegen ihres Katholisch-Seins wichtig gewesen. Die Schwestern, die selbstbewusste und starke Frauen waren, haben mich erkennen lassen, dass es in der beruflichen Ausbildung und Betätigung keine Unterschiede zwischen Frauen und Männern gibt. Diese Gewissheit bestand so auch in meinem familiären Umfeld.

Was katholisch sein bedeutet, habe ich gesehen, erfahren und gelernt von meiner Mutter, den beiden Großmüttern, in der Schule, im Alltagsleben dieser beiden Orte und in deren Kirchen.

Katholisch zu sein war für mich aus dieser Umgebung heraus verbunden mit dem Wissen um die Präsenz Gottes und einer darauf fußenden Lebensenergie. Die Existenz Gottes wurde vorausgesetzt und bildete die Basis für Vertrauen und Hoffnung im menschlichen Leben. Der Glaube war Teil der menschlichen Existenz und stiftete Sinn.

Er war verbunden mit der Bibel, dem Alten und Neuen Testament, mit der Menschwerdung, mit Tod und Auferstehung Jesu und seiner Botschaft. Die Bergpredigt und das Vaterunser gehörten dazu, auch die jüdische Identität von Jesus. Klar war auch, dass Gottesglaube nicht mit Kirchenbesuch verbunden sein muss. Die Weihnachtsgeschichte mit der Schwachheit des Mensch gewordenen Gottes und die Figur der Maria sind für mich besonders kraftvolle Elemente dieses Kanons.

Über das Evangelische habe ich damals wenig erfahren. Mein evangelischer Vater hat uns selten, aber dann ganz unbeschwert zu kirchlichen Anlässen in die katholische Kirche begleitet; umgekehrt war das allerdings nie der Fall. Meine aus Hamburg stammende evangelische Großmutter mütterlicherseits ist einige Jahre nach ihrer Eheschließung in Bayern im Rahmen einer Pilgerfahrt nach Rom zum Katholizismus konvertiert. Die Familiengeschichte erzählt, sie habe dies getan, weil sie nicht die einzige evangelische Bürgerin im Ort sein wollte. Dass dies zumindest ein Grund unter mehreren war, ist jedenfalls wahrscheinlich.

In Rott am Inn, wie überhaupt im bayerischen Land, hatte man sein religiöses Bekenntnis geerbt. Andere Religionen gab es nicht. So war es auch für mich: Es gab keine Juden (mehr) und (noch) keine Muslime in den Orten meiner Kindheit.

Die Frauen in der Familie erfüllten mit ihrer Hilfsbereitschaft und steten Sorge für Andere christliche Regeln der Nächstenliebe, ohne dass sie das als vom Glauben auferlegte Pflicht ansahen. Wie die Großmutter in Rott am Inn, die das in ihrer Hamburger Kindheit sicher so nie erlebt hatte, lasse auch ich mich bewegen von der Religiosität und Frömmigkeit gläubiger Menschen. Und wie für sie besteht auch für mich ein starker Zusammenhang zwischen Kunst und Religion. Die Schöpfungen der Kunst bilden auch für mich Brücken zur religiösen Erfahrung. Die ungeheuren künstlerischen Kräfte, die der Glaube in allen Zeiten zu wecken vermochte, beeindrucken mich tief.

So ist mein katholisches Gefühl verwurzelt im ehemaligen Benediktinerkloster von Rott am Inn, das nach mehr als 700-jährigem Bestehen im Jahr 1803 aufgehoben worden war, und in seiner von Johann Michael Fischer in der zweiten Hälfte des 18. Jahrhunderts erbauten barocken Kirche. Diese Kirche war Teil der Wohnung der Großeltern, die sich im sogenannten»Prälatenstock« des früheren Klosters befand. Der in der Familie so genannte»Rotter Himmel«, das Deckengemälde von Matthäus Günther, das die Himmelsglorie des Benediktinerordens darstellt, der Hochaltar mit den Kirchenpatronen St. Marinus und St. Anianus, aber vor allem die vielen vom Hofbildhauer Ignaz Günther geschnitzten Figuren reflektieren bayerische Katholizität par excellence: Frömmigkeit, Lebensfreude, Schönheit, sichere Gläubigkeit und Licht. In dieser Kirche war es für mich nirgendwo dunkel, und ich liebte ihre Kunstwerke. Im Laufe der Zeit wurden mir diese Kunstwerke zugleich Brücke zur religiösen Erfahrung. Heute gibt es viele andere Kunstwerke, die für mich überzeugend die Botschaft des Religiösen ausstrahlen: etwa die Gemälde des Isenheimer Altars im Museum Unterlinden in Colmar, der Genter Altar mit der Anbetung des Lamm Gottes, die Sixtinische Kapelle mit den Fresken von Michelangelo in Rom, die Madonnen von Raffael, die Messen von Wolfgang Amadeus

Mozart, das Fassadenfenster von Gerhard Richter im Kölner Dom und andere künstlerische Schöpfungen der Musik, Architektur und Kunst.

Ich habe Rechtswissenschaften studiert mit besonderem Interesse für internationales und europäisches Recht. Der finnische Völkerrechts-Professor Martti Koskenniemi hat den Grund für mein besonderes Interesse an internationalem Recht im Titel eines 2001 veröffentlichten Buchs auf den Punkt[1] gebracht, er nannte das Völkerrecht »gentle civilizer of nations«. Mit diesem juristischen Hintergrund wurde ich in den diplomatischen Dienst des deutschen Auswärtigen Amts aufgenommen. Leben im Ausland hat mir nicht nur viele Gelegenheiten gegeben, von anderen Gesellschaften zu lernen, sondern auch mit dem Blick von außen das eigene Land besser zu verstehen. Lange Zeiten habe ich in Umgebungen verbracht, die mehrheitlich nicht christlich, jedenfalls nicht katholisch waren.

In den letzten zehn Jahren war ich als Botschafterin in Frankreich, Italien und in Israel eingesetzt. Welch ein Privileg, von einem beruflichen Standpunkt aus gesehen, in diesen großartigen Ländern, mit denen Deutschland auf das engste verbunden ist, dienen zu dürfen. Paris, Rom, Jerusalem, die Hauptstädte dieser Länder, sind aber auch aus einer rein persönlichen Perspektive ein überwältigendes Programm. Das Katholisch-Sein spielte für mich dabei keine dominante Rolle, aber beeinflusste doch meine Wahrnehmung. Alle drei Orte sind religiös und historisch eng mit dem Katholizismus verbunden: die auf christlichem Recht beruhende tausendjährige Monarchie Frankreichs, die katholische »Ewige Stadt« Rom und das »Heilige Jerusalem«. Die religiös-kulturelle Realität dieser Städte heute könnte jedoch nicht unterschiedlicher sein.

Das »katholische Frankreich«, dessen katholische Kirche ebenso wie die in Deutschland massiv Mitglieder verliert, hat während meiner Zeit dort (2012–2015), d. h. während des Quinquennat Hollande (2012– 2017), erneut intensiv über das Verhältnis von Religion und Staat

---

1 Martti Koskenniemi, The Gentle Civilizer of Nations: The Rise and Fall of International Law 1870–1960«, Cambridge 2001.

debattiert. Diese Debatte wurde auch als eine über die Zukunft Europas geführt: Welche Rolle kann Religion in der europäischen multireligiösen Gesellschaft der Zukunft erhalten, wenn das bestehende, auf Christentum und Judentum basierende gemeinsame Wertefundament, das die Europäische Union kulturell zusammenhält, nicht verloren gehen soll? Staat und Religion sind in Frankreich seit dem Laizitätsgesetz von 1905 strikt getrennt. Während das deutsche Grundgesetz in seiner Präambel auch von der »Verantwortung vor Gott« spricht, definiert Art. 1 der Verfassung der Fünften Republik Frankreich als »laizistische Republik«. Nichts Religiöses gehört in den öffentlichen Raum oder in öffentliche Schulen. Religion ist reine Privatangelegenheit. Laizismus wird als politisches Erbe von Aufklärung und Französischer Revolution hochgehalten. Aber ist dieser französische Grundwert, dieses französische Ideal, kompatibel mit der Realität der multireligiösen Gesellschaft von heute? Die Amtszeit Hollande war von islamistisch motivierten Terroranschlägen überschattet. Als gesellschaftliches Heilmittel wurde zu noch konsequenterer Verbannung der Religion aus der Öffentlichkeit aufgerufen, zu mehr Laizität, gerade auch gegenüber dem Islam in Frankreich. Laizität solle Religion im öffentlichen Raum ersetzen. Mir persönlich schien es dagegen unmöglich, die Religion auf den privaten Raum zu begrenzen. Wie kann religiöse Toleranz in einer multireligiösen Gesellschaft gelernt werden, wenn sie aus den Schulen verbannt ist?

Die feigen, menschenverachtenden islamistischen Terroranschläge insbesondere auf die Redaktionsräume der Satirezeitung Charlie Hebdo und das Konzerthaus Bataclan haben in Frankreich Angst gesät und zu Verunsicherung geführt. Wie war es möglich, dass im laizistischen Frankreich eine extremistisch verstandene »Religion« zu einem politischen Machtfaktor werden konnte? In dieser verstörenden Zeit hat mich die Lektüre der sarkastischen politischen Parabel »Unterwerfung« von Michel Houellebecq[2] gepackt. Das Buch hat mich provoziert und in mir Widerspruch geweckt. Zugleich habe ich mich mit ihm meines eigenen moralischen und religiösen Koordinatensystems, einschließlich des

---

2 Michel Houellebecq, Unterwerfung. Köln 2015 (französisch: Soumission. Paris 2015).

persönlichen »religiösen Besitzes«, rückversichert. In diesem Roman ist nicht der Zusammenprall von Katholizismus und Islam Ursache der Krise, sondern der Aufprall von autoritärem, religiösem Extremismus auf eine satte, passive, konsumorientierte Gesellschaft, die sich ihrer Werte weder bewusst ist noch irgendeine Anstrengung zu unternehmen bereit ist, diese zu schützen oder für sie einzustehen. Das Buch ist sicherlich kein Plädoyer für den Katholizismus in Frankreich. Dennoch hat mich die Lektüre in der Auffassung bestärkt, dass ohne eine religiöse Dimension das Leben an Würde verliert und der »moralische Kompass« der Gesellschaft ungenau wird.

Im Anschluss an den Einsatz in Frankreich wurde ich als Botschafterin nach Italien mit Sitz in Rom entsandt (2015–2018). Dies in einer Zeit, in der in Deutschland in intensiver Weise an Martin Luther und den 500. Jahrestag des Beginns der Reformation erinnert wurde. Martin Luther war zu einem positiven Faktor der deutschen Öffentlichkeitsarbeit im Ausland geworden. Er wurde als Wegbereiter der pluralistischen, liberalen Moderne dargestellt, der sich auf die Gewissensfreiheit, die Urteilskraft und Eigenverantwortung des Einzelnen berief und der geistlichen und weltlichen Macht damit Grenzen gesetzt hat.

Das deutsche Reformationsjubiläum war kein einfaches Thema für Rom, das sich ja nicht nur als Zentrum der katholischen Weltkirche, sondern besonders auch als Zentrum der Gegenreformation versteht. Es gab nicht Viele im katholischen Rom, die zu einer Auseinandersetzung mit der Reformation, der evangelisch-lutherischen Kirche oder der Ökumene bereit waren, und die bereit gewesen wären, Veränderungen zuzulassen. Die vom Auswärtigen Amt den Botschaften damals zur Verfügung gestellte Ausstellung über Martin Luther und die Reformation durfte in Santa Maria dell'Anima, der Kirche der deutschen katholischen Kirchengemeinde in Rom, gezeigt werden. Wir konnten jedoch unter den Römern kein Interesse an ihr wecken.

Ich war in Rom von der Schönheit der Stadt und den Kunstschätzen seiner unzähligen Kirchen überwältigt. Eine Begegnung mit dem spirituellen Rom ist mir aber nur in wenigen Momenten gelungen. Die Christuskirche der evangelisch-lutherischen Kirchengemeinde wurde zu einem persönlichen Anziehungspunkt. Diese kleine Gemeinde einer konfessionellen Minderheit lebt Toleranz und ökumenische Offenheit. Auch als Katholikin fühlte ich mich hier gut aufgehoben. Hier durfte ich sogar dem »katholischen Papst« begegnen.

Wichtigstes Thema für das politische Italien und für die Arbeit der Deutschen Botschaft war in diesen Jahren das Ringen um die Bewältigung der Flüchtlings- und Migrationskrise in Europa, von der Italien mehr als andere EU-Mitgliedstaaten betroffen war. Als Botschafterin habe ich in Italien um Verständnis für die Entscheidung der Bundesregierung unter Kanzlerin Angela Merkel geworben, die offenen Grenzen Deutschlands vor dem Flüchtlingsstrom nicht zu verschließen. Ich habe mich mit dieser Entscheidung identifizieren können. Auch nach meiner persönlichen Bewertung wäre es aus politischen und ethischen Gründen nicht vertretbar gewesen, anders zu handeln. Dies hätte auf dem Gebiet unserer Nachbarn und Partner in der EU zu einer humanitären Katastrophe für Zehntausende von Menschen geführt. Ich war überzeugt, dass Deutschland mit seiner Verantwortung für die Shoah nicht anders handeln durfte als von der Bundesregierung beschlossen. Als Juristin mag dabei für mich die zentrale Bestimmung des deutschen Grundgesetzes Gewicht gehabt haben: »Die Würde des Menschen ist unantastbar.« (Art. 1 GG) Papst Franziskus hatte noch ein anderes Argument in die Debatte eingebracht, indem er an das christliche Gebot der *misericordia*, des barmherzigen Mitfühlens und der Solidarität mit Menschen in Not, erinnerte. Ich empfand dies als starkes Argument, obgleich es in der politischen Sphäre und in der dortigen Interessenabwägung keinen Platz hat. Wahrscheinlich besitzt nur der Papst die Glaubwürdigkeit und Legitimität, Politik und Menschen zu Barmherzigkeit zu mahnen.

Vom Land des »spirituellen Jerusalem« wurde ich dann in das Land des reellen Jerusalem versetzt. Für deutsche Diplomaten ist Israel weiterhin eine herausragende, besondere Verwendung. Auch ich empfinde es als großes Privileg, den einzigartigen Beziehungen zwischen Deutschland und Israel, zwischen Juden und Deutschen, dienen zu dürfen. Die Begegnung mit dem Judentum, die Begegnung mit Überlebenden des

Holocaust, die Entwicklung der freundschaftlichen und vertrauensvollen Beziehungen Deutschlands mit Israel über den Abgrund des Menschheitsverbrechens der Shoah hinweg bestimmen mein berufliches und auch mein privates Leben.

Mit Israel bin ich seit Ausbildungszeiten eng verbunden. Im Laufe der langjährigen persönlichen Freundschaften sind mir religiöse und kulturelle Traditionen der jüdischen Orthodoxie vertraut geworden. In Israel lebend, freue ich mich über den Schabbat, der ganz anders ist als der christliche Sonntag, erlebe fasziniert die Gebote des koscheren Essens und begleite an manchen hohen Feiertagen wie z.b. Yom Kippur Freunde und Nachbarn, die ihr Jüdischsein ähnlich leben wie ich mein Katholisch-Sein, zum Gottesdienst in die Synagoge. Meine Bewunderung gilt dem starken Element des »Dazugehörens« und der Solidarität, die Jüdinnen und Juden untereinander empfinden, mögen sie religiös sein oder nicht. Es verschafft ihnen Identität und Sicherheit.

Das Leben in Israel ermöglicht mir mit den spezifischen Prägungen meines Werdegangs intensive Erfahrungen: Als Katholikin erlebe ich mit Staunen Orte des Neuen Testaments, die für Millionen von Pilgern Orte des Gebets sind. Als Christin bin ich angezogen vom Kosmos der jüdischen Religion und Kultur, aus dem das Christentum entstanden ist. Und als Deutsche begleitet mich immer, besonders bei Gedenkveranstaltungen und Begegnungen mit Überlebenden des Holocaust, Fassungslosigkeit, Trauer, Schmerz und Scham über das unfassbare Menschheitsverbrechen der Shoah, für das mein Land die historische Verantwortung trägt.

Wie im Katholizismus hat auch im orthodox-religiösen Judentum die Frau eine eingeschränkte Rolle, ohne dass dies im nicht-religiös bestimmten Alltag sichtbar wäre. Auch in Israel gibt es Debatten um den und Kritik am Stellenwert von Religion, an der fehlenden Trennung von Religion und Staat und der ausschließlichen Anerkennung der orthodoxen Strömung des Judentums.

Die Deutsche Botschaft befindet sich nicht in der Hauptstadt Jerusalem, sondern in Tel Aviv. Mein Alltag findet in der hebräischen, modernen Hightech- und Wirtschaftsmonopole des Landes statt, nicht im

»Heiligen Jerusalem«. Tel Aviv liegt weit weg von dort, weit weg von der streng-religiösen jüdischen Orthodoxie, vom »Tempelberg« oder »Haram al-Sharif«, weit weg von der Grabeskirche und den anderen Kirchen der unzähligen christlichen Denominationen. Christen bilden im doppelten Sinn eine winzige Minderheit in der israelischen Gesellschaft. Sie sind eine religiöse Minderheit innerhalb der gesellschaftlichen Minderheit der israelischen Araber. Die Aufspaltung der Christen im Heiligen Land hat zu einem faszinierenden Panoptikum von Kirchen und Traditionen geführt, von den griechisch-, armenisch-, koptisch-, äthiopisch-, syrisch-orthodoxen Kirchen zur melkitisch-griechischen Kirche, zu armenisch- und syrisch-katholischen Kirchen, zu den evangelischen Kirchen und anderen mehr. Mir ist es kaum möglich, diesen christlichen Wirrwarr zu durchschauen, aber ich weiß, dass ich als katholische Christin Teil der in Israel so genannten Römischen bzw. Lateinischen Kirche bin. Die Existenz als kleine christliche Minderheit, aber auch ihre Bedrohung durch radikale Randgruppen der israelischen Gesellschaft[3], weckt mein Gefühl der Solidarität mit ihr.

Für Christen aus Deutschland bietet das Heilige Land viele historische und religiöse Anknüpfungspunkte. In der Zeit, als im »Orient« und im damals osmanischen Palästina »Christliche Nationen« ihre nationalen Machtzeichen setzten, entstanden zahlreiche »deutsche« Kirchen, Pilgerhäuser und Klöster. Der deutsche Kaiser Wilhelm II. weihte 1898 während seiner sechswöchigen Pilgerfahrt nach Palästina die evangelische Erlöserkirche in der Altstadt von Jerusalem ein und übergab das Grundstück, auf dem dann die katholische Dormitio-Abtei der Benediktiner errichtet wurde. Diese »deutschen« Orte haben heute in der Arbeit der deutschen Botschaft auch politische Bedeutung. Es beeindruckt mich zu sehen, wie die Begegnung mit Heiligen Stätten, die in der christlichen Tradition mit Geburt, Tod und Wirken Jesu in Verbin-

---

3 »Erklärung zur aktuellen Bedrohung der christlichen Präsenz im Heiligen Land«, 16.12.2021, https://www.katholisch.de/artikel/32388-kirchenfuehrer-sehen-christliche-praesenz-im-heiligen-land-bedroht.

dung gebracht werden, für Hunderttausende von Pilgern ein sie überwältigendes religiöses Erlebnis ist.

Die politische Lage ist komplex. Israel ist nicht gleichbedeutend mit dem »Heiligen Land«. Die deutschen und die vielen anderen christlichen Kirchen befinden sich nicht nur auf israelischem Staatsgebiet, sondern auch auf Gebiet, das die Vereinten Nationen und die Bundesregierung als palästinensisches oder von Israel besetztes Gebiet bezeichnen. Zu diesem Territorium, dessen endgültiger Status noch der Klärung zwischen den Konfliktparteien bedarf, gehört auch Ost-Jerusalem einschließlich der Altstadt von Jerusalem.

Jerusalem ist nicht nur für Christen »Heilige Stadt«, sie ist es in gleichem Maße für Muslime und Juden. Ebenso inbrünstig wie Christen in ihr beten und in ihr zu den Ursprüngen des Christentums pilgern, beten in ihr Muslime (auf dem »Tempelberg«/»Haram al-Sharif«) und Juden (an der »Klagemauer«/»Western Wall«) und suchen dort die Nähe zu den religiösen Kraftzentren des Islam und des Judentums.

Jerusalem ist die »ungeteilte Hauptstadt« Israels. Israel definiert sich als »jüdischer Staat« und hat sich ein Verfassungsgesetz gegeben, das das Land als historische Heimat ausschließlich des jüdischen Volkes bezeichnet. In diesem Land darf das Selbstbestimmungsrecht ausschließlich vom jüdischen Volk realisiert werden; staatliche Feste sind ausschließlich jüdische Feste.[4] Dies hat zu Kritik von nicht-jüdischen Minderheiten im Land geführt. Weit darüber hinaus bestehen zwischen und innerhalb der Religionsgemeinschaften Spannungen. Es ist beinahe unmöglich, sich bei Religionen auf das Religiöse zu beschränken. Religion wird politisiert, wird als Mittel zum politischen Zweck genutzt. Wie die drei Söhne des »liebenden Vaters« in der Ringparabel des in Jerusalem angesiedelten »Nathan der Weise« von Gotthold Ephraim Lessing streiten im heutigen Jerusalem religiös-politisierte Repräsentanten der drei Weltreligionen untereinander. Dabei geht es weniger um die »wahre Religion« der Ringparabel als vielmehr um Macht und nationale

---

4 Basic Law: Israel – The Nation State of the Jewish People (2018), https://main.knesset. gov.il/EN/activity/documents/BasicLawsPDF/BasicLawNationState.pdf

Ansprüche. Sachlichkeit weicht religiöser Aufgeregtheit, Religion wird Brandbeschleuniger im politischen Konflikt. Sie wird missbraucht, um Kompromisse und friedliche Lösungen zu verhindern.

Aber gleichzeitig ist es, als sei man nirgendwo auf Erden dem religiösen Paradies näher als in Jerusalem, wo man sich mit Offenheit des Herzens und des Verstands von der spirituellen Kraft der drei monotheistischen Religionen gleichzeitig erfüllen, bereichern und verzaubern lassen kann.[5]

Es scheint, als wirke die katholische »lateinische Kirche« gerade hier wie der erwähnte »gentle civilizer«, diesmal nicht zwischen Nationen, sondern zwischen Konfliktparteien und Religionen. Die »lateinische Kirche« lebt Toleranz, Respekt und Mitmenschlichkeit, sie vermittelt und ist geradezu berufen, zu vermitteln. Sie stiftet Frieden und leistet humanitäre Arbeit. Sie will, ebenso wie auch die evangelische Kirche, lediglich ihren historisch, rechtlich und traditionell anerkannten Platz im Spannungsfeld von Religionen und Nationen bewahren. Sie will ihren spirituellen Auftrag erfüllen und Pilgerinnen und Pilgern dienen. Mit dieser nahöstlichen »Römischen Kirche« fällt mir die Identifikation leichter als zuvor mit der katholischen Kirche in Rom. Mit Freude nehme ich an Gottesdiensten der deutschen Kirchen teil und bedaure die Einschränkungen, die durch Schutzmaßnahmen zur Eindämmung der Covid-19-Pandemie entstanden sind.

Zum Schluss: Die katholische Herkunft hat meinen Blick auf meine Umgebung beeinflusst. Das Gefühl, katholisch zu sein, hat mich begleitet, auch wenn ich es weder mir noch anderen gut erklären könnte. Die von Nazi-Deutschland ins Exil verjagte Dichterin Else Lasker-Schüler hat für ihr Jüdischsein in ihrem berührenden Gedicht »An mein Kind« folgende Worte gefunden: »Die Liebe zu dir ist das Bildnis, / Das man sich von Gott machen darf.« Vielleicht wollte ich auch nur das sagen.

---

5 Siehe die Gedanken von Angelika Neuwirth in: Die Koranische Verzauberung der Welt und ihre Entzauberung in der Geschichte. Freiburg 2017.

Auf der Suche
Ursula Kalb

Am Anfang meiner Erfahrungen mit Kirche und Christentum stand das Erleben einer lebendigen Pfarrgemeinde in Nürnberg. Meine Kindheit und Jugend war ein Sammeln von kirchlichen Erfahrungen in der Jugendarbeit, aber auch das Kennenlernen verschiedenster Arten von Spiritualität wie der charismatischen Erneuerung, des Herzensgebets der Ostkirche, der Befreiungstheologie in Lateinamerika oder tiefenentspannender Meditation. Das Leben in der heimatlichen Pfarrei endete mit dem Abitur und dem Weggang aus Nürnberg. Man fragt sich als Jugendlicher, wofür man leben will. Entscheidungen prägen den Lebensweg. Ich entschied mich für das Theologiestudium, denn ich war neugierig geworden und wollte das Evangelium besser und tiefer verstehen. Mein Studium führte mich in die Stadt Eichstätt, in der ich einen Katholizismus kennenlernte, der mir fremd war. Aufgewachsen in Nürnberg, einer zutiefst evangelisch geprägten Stadt, hatte ich eine sehr offene Kirche erlebt, mit einem Seelsorger, der das Zweite Vatikanische Konzil in der Gemeinde umsetzen wollte, auch wenn er uns Mädchen noch nicht erlaubte, Ministrantinnen zu werden. So wollte ich nicht in Eichstätt bleiben, zog nach dem Vordiplom weg und studierte ein Jahr in Innsbruck an der Jesuitenuniversität. Dort erlebte ich noch Karl Rahner, einen Konzilstheologen, der in allergrößter Freiheit über die Einheit der Kirche, das Priestertum der Frau, interreligiösen Dialog, die Frage der

»Geschiedenen und Wiederverheirateten« als pastorale Aufgaben sprach.

Die Gemeinschaft Sant'Egidio

In dieser Zeit des Studiums und des Ausprobierens in Kirche und Christentum, auf der Suche nach meinem Lebensweg, begegnete ich bei einer Jugendfahrt der katholischen Stadtkirche Nürnbergs nach Rom einer lebendigen, jungen Gemeinschaft, die im Stadtteil Trastevere in einem kleinen Kirchlein beheimatet war und den Namen Sant'Egidio trägt. Dort trafen sich jeden Abend junge Römerinnen und Römer, die gemeinsam beteten. Ich erlebte hier ein überzeugendes Christentum und traf auf Menschen, die das lebten, was sie verkündeten. Die jungen Leute der Gemeinschaft führten uns an die Stadtränder Roms, wo sie in Barackenvierteln oder in den Hochhäusern die Menschen trafen, die am schönen römischen Leben nicht teilnehmen konnten. Die jungen Leute von Sant'Egidio lebten ein normales Leben, sie studierten, arbeiteten und hatten Familie. Das besondere aber war, dass sie sich jeden Abend zum Gebet trafen, das Evangelium lasen und die Armen ihre Freunde nannten. Das war neu für mich. Sie erzählten uns von einsamen alten Menschen, Menschen, die auf der Straße lebten, und Kindern, die am Rande der Stadt keine Chance hatten. Sie lebten selbstverständlich das Miteinander von Gebet und Dienst an den Armen und taten dies gemeinsam und in ihrer Freizeit. Hier begann für mich der Weg der Entdeckung eines Christentums, das ganz im Heute lebt und die Armen in die Mitte des christlichen Lebens stellt, einer Gemeinschaft, die sich vom Evangelium leiten ließ, um die Welt zu verändern und sich mit Intelligenz und Barmherzigkeit einzumischen.

Am Stadtrand

Zurück in Würzburg wollten wir, eine kleine Gruppe von Studenten, beginnen, Sant'Egidio in Deutschland aufzubauen. Wir mussten erst einmal die »Armut unserer Stadt« entdecken, da wir sie nicht kannten. Der Weg führte uns ins Stadtviertel »Zellerau«, einem sozialen Brennpunkt. Dort begegneten wir vielen Formen von Armut. Wir trafen auf Familien, die nie Geld hatten, Kinder, die in »Sonderschulen« kamen, weil ihre Eltern auch schon dort gewesen waren. Die Familien lebten in Wohnungen ohne Bäder, noch in den 1980er Jahren. Viele Sinti-Familien hatten sich dort niedergelassen, die älteren unter ihnen hatten KZs überlebt. Es zeigte sich uns die Welt derer, die von Anfang an keine Chance hatten. Niemand erträumte für die Kinder ein gutes Leben mit Schulabschluss, Beruf und Zukunft. Sie mussten sehr früh erwachsen werden, um die kleinen Geschwister zu versorgen, erlebten Gewalt, Drogen oder einfach, dass sich kein Erwachsener für sie interessierte.

In die Peripherien gehen

Wir gründeten die »Schule des Friedens«. Die Kinder wurden Protagonisten des Lebens der ersten kleinen Gruppe von Sant'Egidio in Deutschland.

Das Leben von uns Studierenden änderte sich, weil eine Brücke geschlagen wurde zwischen Welten, die getrennt voneinander existiert hatten und die durch Freundschaft miteinander verbunden wurden. In der Freundschaft mit den Kindern der Peripherie, fanden wir uns wieder im Evangelium. In den Aussätzigen, Kranken, Gelähmten, den Witwen und Waisen des Evangeliums entdeckten wir unsere Kinder des Stadtviertels, die einen Namen, eine Geschichte und ein Schicksal hatten, das wir verändern konnten!

»Schulen des Friedens« gibt es inzwischen überall auf der Welt, wo Sant'Egidio tätig ist. Ein Kind sagte einmal:»Dies ist eine besondere Schule, in der man studiert und lernt, Freunde zu sein und Frieden zu stiften.« Das Leben der Kleinen ändert sich, weil jemand für sie hofft. Aus dieser besonderen Liebe für die Kleinsten wurden in den späteren Jahren politische Programme von Sant'Egidio. »Bravo« heißt eines. Es hilft, Tausenden von Kindern in afrikanischen Ländern einen Namen zu geben. Sie werden bei den örtlichen Einwohnermeldeämtern angemeldet und bekommen eine Geburtsurkunde. Das schützt sie vor Gewalt, Entführung, Prostitution und Kinderhandel.

Später entdeckten wir viele andere Peripherien. Nach meinem Umzug nach München lernten wir die völlige Vereinsamung alter Menschen kennen, die uns sagten: »Ich habe keinen Menschen mehr.« Immer mehr Menschen sterben allein in ihren Wohnungen und werden erst nach längerer Zeit gefunden, weil niemand sie vermisst. Unser Weg führte uns in die Flüchtlingscamps unserer Städte zu den Menschen, die alles verloren hatten, ihre Heimat, ihre Familie, ihre Lebensgrundlage, aus den afrikanischen Ländern, aus Syrien und Afghanistan, aus der Ukraine.

Afrika

Einen großen Schritt in die Peripherien dieser Welt brachte die Beziehung zum Kontinent Afrika mit sich. Sant'Egidio hat sich in den 1980er Jahren weltweit verbreitet, schloss Bündnisse mit afrikanischen Ländern. Das erste Land war Mosambik, ein Land, das 16 Jahre Bürgerkrieg erlebte. Andrea Riccardi, der Gründer von Sant'Egidio, und Matteo Zuppi, ein Priester der Gemeinschaft, jetzt Kardinal von Bologna und Vorsitzender der italienischen Bischofskonferenz, vermittelten zwei Jahre lang in einem schwierigen Prozess bei den Friedensverhandlungen, die 1992 zum Friedensschluss führten.

Doch die Sorge um die Menschen dort endete nicht. Die neue Herausforderung hieß: HIV/Aids. Der Kampf gegen eine sehr resignierte Haltung gegenüber Afrika begann. Niemand glaubte Anfang der 2000er Jahre, dass HIV/Aids in Afrika zu behandeln sein würde. Die ersten DREAM-Zentren entstanden, in denen Sant'Egidio zunächst HIV-positive und aidskranke schwangere Frauen kostenlos behandelte, um die Frauen medizinisch zu versorgen und die Kinder vor der Ansteckung bei der Geburt zu schützen. Es waren die Frauen in den Aidstherapiezentren, die infizierten Mütter, die allen bewiesen, dass sie sehr wohl fähig waren, eine komplexe und komplizierte lebenslängliche Therapie in Kauf zu nehmen, um ihre Kinder zu retten.

Afrika hat sich verändert. In vielen unserer afrikanischen Gemeinschaften lebt die Hoffnung auf ein neues Afrika, das eine Zukunft hat.

Eine grundlegende Erkenntnis

Im Laufe der Jahre, in der Reflexion über das Evangelium und durch das Eintauchen in die verschiedenen Armutswelten, wurde mir zusammen mit den Freunden von Sant'Egidio sehr viel Neues, Lebenswertes und Sinnstiftendes am Christentum deutlich. Die wichtigste Entdeckung aber war, dass es etwas sehr Tiefes und Geheimnisvolles gibt, das Jesus von Nazareth mit dem Leben der Armen verbindet und somit unser ganzes Christentum bestimmen muss. Die Geburt Jesu findet am Rande von Bethlehem statt. Niemand nahm diese kleine Familie auf. Jesus stirbt zum Tod verurteilt am Kreuz wie ein Verbrecher. Er zeigt sich den Jüngern mit seinen Wundmalen nach der Auferstehung. In der Person Jesus selbst finden wir Leid und Auferstehung. Er verleugnet das Leid nie, aber zeigt, dass es kein Grund zur Resignation ist, sondern jedes Leid, wenn man es nicht ignoriert, gelindert oder sogar geheilt werden kann. Jesus selbst wird den Menschen gleich. Er segnet die Kinder und er beugt sich nieder, um den Jüngern die Füße zu waschen. Das Ganze gipfelt darin, dass Jesus sich ganz mit den Ärmsten identifiziert: den Hungrigen, Durstigen, Fremden, Kranken, Nackten, Gefangenen.

Das Sakrament der Armen

Diese essenzielle Verbundenheit der Person Jesu mit der Person des Armen fordert mein Leben als Christin bis heute heraus. Diese geheimnisvolle, aber reale Präsenz Jesu in einem Mann oder in einer Frau, die vom Leben verwundet sind, hat der orthodoxe Theologe Olivier Clement das »Sakrament des Armen« genannt, neben dem »Sakrament des Altares«. Der Kirchenvater Johannes Chrysostomos erklärt mit eindrucksvollen Worten: »Willst du also Christi Leib ehren? Geh nicht an ihm vorüber, wenn du ihn nackt siehst; ehre ihn nicht hier mit seidenen Gewändern, während du dich draußen auf der Straße nicht um ihn kümmerst, wo er vor Kälte und Blöße zugrunde geht!«

So ist es auch selbstverständlich, dass jede Freundschaft mit den Armen, jeder Dienst kostenlos und unentgeltlich ist. Freundschaft kann man nicht bezahlen, sie ist kein Besitz des anderen und keine

Abhängigkeit, sondern Treue und Freiheit: »Umsonst habt ihr empfangen, umsonst sollt ihr geben.«

Christ sein in der Geschichte

Sant'Egidio ist ein Kind des Konzils. Am Vorabend zum Zweiten Vatikanischen Konzil prägte Papst Johannes XXIII. den Satz: »Die Kirche muss eine Kirche aller und besonders der Armen sein.« Inzwischen sind 60 Jahre vergangen. Papst Franziskus rief am Anfang seines Pontifikats dazu auf, die Türen und Fenster der Kirchen zu öffnen, auf die Straße zu gehen, um allen Menschen zu begegnen, wirklich allen. Er lebt seinen Dienst als oberster Hirte der Kirche in besonderer Weise: Seine Reisen führten ihn an die Ränder der Erde, nach Lampedusa zu den Geflüchteten, in die Zentralafrikanische Republik, um dort die Heilige Pforte im Jahr 2015 zu öffnen, er wusch am Gründonnerstag jungen Frauen aus einem Gefängnis die Füße und baute Waschgelegenheiten für Obdachlose in der Nähe des Petersdoms.

Diese Art von Kirche hat mich immer wieder überzeugt, denn es ist eine Kirche, die in der Geschichte lebt und sie verändern und gestalten möchte, eine Kirche, die nicht um sich selbst kreist, sondern mitten in der Welt und unter den Menschen lebt. In seinem Buch »Alles kann sich ändern« drückt Andrea Riccardi die Überzeugung aus, dass Kirche sich einmischen muss, Geschichte schreiben und die Welt verändern und verbessern kann, wenn sie das Evangelium als Basis hat und niemanden ausschließt. Er sagte einmal: »Wir besitzen zwei Bücher: die Bibel, die Licht für unsere Schritte ist, und das Buch des Lebens und der Geschichte, dies ist der Boden, auf den wir unsere Schritte setzen.« Ich denke, Christentum muss fähig sein, auf neue Situationen reagieren zu können.

Gebet ist hören und antworten

Nachdem ich in meiner Jugendzeit viele Arten von Spiritualität kennengelernt hatte, die mich nicht wirklich überzeugten, entdeckte ich den Weg von Sant'Egidio als einen sehr überzeugenden: das Evangelium lesen, es mit Freunden reflektieren, in Gemeinschaft leben und das Leben mit den Herausforderungen der Gegenwart in Einklang bringen, um eine bessere Zukunft aufzubauen. Er bedeutet, sich einzumischen, die Stimme für die Schwächsten zu erheben. Andrea Riccardi, der 1968 als 18-jähriger Schüler die Gemeinschaft in Rom begründet hat, hatte von Anfang an die Intuition, dass das Lesen des Evangeliums, der Dienst an den Armen und der Einsatz für den Frieden eine Einheit bilden. Das Evangelium ist das Fundament. Wer lernt, dem Evangelium zuzuhören, lernt auch, den Menschen zuzuhören. Im Gebet sind wir Hörende. Das gemeinsame Gebet unserer Gemeinschaft in allen Ländern der Welt besteht immer aus dem Lesen der Schrift und der Auslegung, der Erklärung, der Predigt. Immer steht eine russische Ikone in der Mitte, das Antlitz Jesu, um zu verdeutlichen, dass Gott selbst zu uns spricht und es sich wirklich lohnt zuzuhören. Das Wort Gottes öffnet das Herz für die Begegnung mit dem Antlitz der vom Leben verwundeten Männer und Frauen. Das fand ich überzeugend, weil es mit dem konkreten Leben zu tun hatte.

Im Gebet komme ich zur Ruhe, und die vielen Gedanken werden konzentriert auf dieses Wort, das Orientierung gibt, einen Weg zeigt, ermutigt, ermahnt, aufweckt, zum Handeln anregt oder einfach tröstet. Das Gebet muss gepflegt sein, schön, damit etwas von der Leuchtkraft der Botschaft Jesu sichtbar wird, mit schönen Gesängen und der Orientierung durch die Ikonen. Auch ein Mensch, der nichts vom Christentum versteht, soll spüren: Hier ist Gott anwesend, hier spricht jemand zu uns, der eine wichtige Botschaft hat.

Das Gebet von Sant'Egidio veränderte sich im Laufe der Zeit, es wurde reicher, es kamen neue Gebetsanliegen hinzu. So werden im Gebet für den Frieden alle Länder aufgezählt, die aktuell unter Krieg oder Gewalt leiden. Im Gebet für die Kranken kann man die Namen derer aufschreiben, für die man besonders beten möchte. Persönliches Leben und Weltgeschehen verschmelzen zu einem einzigen Auftrag.

Begegnungen und Dialog

Im Laufe meines Lebens waren es immer Begegnungen mit Menschen, die Veränderungen hervorbrachten, Menschen, die mir durch ihr Leben die Welt erklärten. Sie eröffneten mir neue Horizonte und prägten mein Denken, mein Handeln und meinen Glauben. Zu Beginn waren es die Kinder aus dem sozialen Brennpunkt, dann die Begegnung mit verlassenen alten Menschen. In ihren Lebensgeschichten versteht man die Geschichte eines Landes, die Geschichte einer ganzen Generation. Auch die Freundschaft zu obdachlosen Menschen, deren Lebensgeschichten das Herz berühren. Und die Begegnungen mit vielen Geflüchteten aus Syrien oder Afghanistan, Somalia oder der Ukraine, die mit all ihrem Leid aus Krieg und potentiell todbringender Flucht das System der Aufnahme in Europa in Frage stellen und neue Systeme der Inklusion notwendig machen. Mit dem Programm der »Humanitären Korridore« hat Sant'Egidio in den letzten Jahren eine anwendbare neue Form der Aufnahme von Flüchtlingen geschaffen, die so legal nach Europa einreisen können.

Meine Freundin, eine Sinteza

Eine Person möchte ich hier hervorheben. »Ich heiße Rita Prigmore und ich bin eine Zigeunerin! « So stellt sich Rita Prigmore gern selbst vor. Sie mag es nicht, dass man das Wort Zigeuner meidet, denn sie findet, dass man dadurch die Jahrhunderte der Diskriminierung ausschaltet und das Zeichen »Z«, das Sinti und Roma im KZ Auschwitz auf den Arm tätowiert wurde, nicht mehr versteht. Ich lernte Rita kennen, weil Sant'Egidio »Jugendfahrten« nach Auschwitz organisierte. Rita sprach dort vor 600 Jugendlichen aus West- und Osteuropa. Sie war Opfer der Zwillingsforschung von Dr. Heide, einem Schüler von Dr. Mengele. Ihre Zwillingsschwester kam dabei ums Leben. Man versuchte, mit Injektionen in den Kopf die Augenfarbe von braun hin zu blau zu verändern. Durch Rita lernte ich ihre persönliche Leidensgeschichte kennen und die ihrer Familie. Ich verstand, was strukturelle Diskriminierung bedeutet und wie die Diskriminierung von Sinti und Roma bis zum heutigen Tag anhält.

Rita erklärte mir ihr Leben als Sinteza. Von ihren Eltern und Großeltern kannte sie das integrierte Leben vor dem Nationalsozialismus. Alle waren berufstätig und schon seit Generationen sesshaft. Mit großer

Erschütterung musste ich erkennen, dass Sinti in Deutschland bis heute nicht die Inklusion erfahren, die sie vor 1933 schon erreicht hatten. Ihr persönlicher Leidensweg war das Erkämpfen von Widergutmachungen, da Sinti und Roma sehr lange nicht als Opfer des Nationalsozialismus anerkannt wurden.

In den Begegnungen mit Menschen ganz unterschiedlicher Lebensgeschichten wurde mein Glaube immer weniger etwas »Privates oder Persönliches«, sondern gesellschaftlich immer relevanter. Die Freundschaft zu Rita Prigmore führte zum Einsatz gegen jede Art von Rassismus. Jugendbegegnungen in Auschwitz folgten. Wir begannen, in Schulen zu sprechen, mit Jugendlichen die Geschichte des Holocaust zu studieren, Formen heutiger Diskriminierung aufzudecken. Es entstand die Jugendbewegung »Youth for Peace«: Jugendliche aus aller Welt setzen sich für die Armen ihrer Städte ein. Sie fahren in Flüchtlingscamps auf die griechischen Inseln oder in die Elendsviertel afrikanischer Länder, um die Gemeinschaften dort zu unterstützen. Wenn die Armen dieser Welt stetige Wegbeleiter der Kirchen sind, dann kann sich eine neue Kultur der Solidarität entwickeln. Dann wird man Antworten auch auf die großen Probleme dieser Welt suchen und finden.

Die Stärke der afrikanischen Frauen – Pacem Kawonga

Pacem Kawonga ist eine Frau aus Malawi. Ihre Eltern starben an Aids. Ihr Mann infizierte sie mit der damals noch tödlichen Krankheit. Doch Pacem Kawonga gab nicht auf. Sie wagte den Schritt in das DREAM-Zentrum von Sant'Egidio in Malawi und ließ sich testen. Das Ergebnis war positiv. Sie vertraute den Ärzten und Krankenschwestern und wurde behandelt. Sie musste wie viele infizierte Frauen, deren Männer sie verlassen hatten, ihren Weg allein gehen. Sie wurde eine der ersten Aktivistinnen des DREAM-Programms. Und sie schrieb ein Buch: »Eine Zukunft für meine Kinder«. Eine einfache afrikanische Frau aus einem vergessenen Land schreibt ein Buch! Das war eine Sensation. Aber noch mehr: Sie begann öffentlich zu sprechen, Vorträge zu halten, im Rundfunk aufzutreten, um anderen Frauen Mut zu machen, sich testen zu lassen, und sprach von einem erfüllten Leben trotz der Krankheit. Als ich vor ein paar Jahren das erste Mal in Malawi Gemeinschaften von Sant'Egidio besuchte, erlebte ich diese mutigen Frauen. Viele leiten die Gemeinschaften vor Ort. Sie predigen bei den Gebeten, sie sammeln Jugendliche um sich, um ihnen zu helfen. Sie setzen sich für Straßenkinder ein, studieren und erheben ihre Stimmen. Sie bauen eine neue Kultur auf und helfen den Frauen, ihre Stellung in der Gesellschaft zu verbessern. Ich bin voller Bewunderung dafür, wie diese Frauen so viel Verantwortung übernehmen. Es ist für mich immer ein Ansporn, davon zu erzählen, um auch bei uns Frauen zu ermutigen, Stellung zu beziehen, sich einzumischen und Gesellschaft zu verändern.

Friedensstifter

Meine erste persönliche Begegnung mit den »Internationalen Friedenstreffen der Gemeinschaft Sant'Egidio« war 1989 in Warschau. Papst Johannes Paul II. hatte 1986 Religionsoberhäupter aller Welt nach Assisi eingeladen, um zu sagen: Jede Religion und jeder Mensch der Religion ist verantwortlich für den Aufbau von Frieden, Dialog und Völkerverständigung. Diese Treffen führt Sant'Egidio bis heute jedes Jahr fort. Ausgehend von den Armen der Stadt wächst das Interesse für die Armen der Welt, ja für ganze Kontinente. Es wurde immer klarer, dass der Krieg der Vater aller Armut ist. Den Frieden aufzubauen ist eine tägliche Anstrengung. Doch womit beginnt man, den Frieden aufzubauen? Andrea Riccardi lehrte von Anfang an: Friede ist Dialog! Friedensarbeit bedeutet, mit allen zu sprechen, Frieden zu sichern heißt Solidarität mit den Schwächsten. Dazu muss man als erstes die Mauern im eigenen Denken abbauen und eine Offenheit dafür aufbauen, dass jede Begegnung Veränderung bedeutet. »Sucht das, was euch eint und lasst beiseite, was euch trennt.« Damit begannen die Friedensverhandlung von Mosambik, die 1992 zum Frieden führten.

Katholisch heißt allumfassend

Durch das Wachstum unserer Gemeinschaften wurde mir der Begriff »katholisch« in seiner Grundbedeutung »allumfassend« immer greifbarer. Trotz der verschiedenen Kulturen und Lebenswirklichkeiten lebt

Sant'Egidio eine gemeinsame Spiritualität. Ein afrikanischer Freund prägte einmal den Satz:»Niemand ist zu arm, um nicht einem noch ärmeren helfen zu können.« Unsere Gemeinschaften sind untereinander sehr eng verbunden. Internet und schnelle Informationswege machen dies möglich, aber vor allem die vielen persönlichen Beziehungen. Wenn Katholisch-Sein auch bedeutet, für alle da zu sein, öffnen sich viele Horizonte: Der Horizont des interreligiösen Dialogs, aber auch die Herausforderung, sich für Frieden und Menschenrechte einzusetzen. Unsere Zeit hat viele Herausforderungen, die globale Welt stellt viele Fragen. In einer Zeit großer Veränderungen kann man aus Angst leicht wieder in Nationalismen zurückfallen. Kirche als Universalkirche kann in einer Zeit epochaler Veränderung eine starke Begleiterin der Menschen sein, wenn sie sich nicht selbst von Furcht ergreifen lässt. Christ sein kann man nicht allein! Das ist mir im Laufe meines Lebens immer deutlicher geworden. Denn allein steckt man sich kleine Ziele, die für einen persönlich vielleicht groß scheinen, doch gemeinsam, in Kooperation mit Vielen, in der Vernetzung und im Miteinander, verwirklichen sich auch große Visionen.

Die Kirche muss weiblicher werden

Die Armen helfen uns, milder zu werden. Im Gleichnis des barmherzigen Samariters bleibt dieser stehen und nimmt sich des halbtoten Mannes an wie ein Freund. Dieses Gleichnis wurde mit den Worten von Papst Paul VI.»zum Beispiel für die Geisteshaltung des Konzils« und bildet zusammen mit der nachfolgenden Episode von Marta und Maria das Symbol für die Spiritualität der Gemeinschaft Sant'Egidio (Lk 10,25-42). Gebet allein ohne Dienst an den Armen droht sinnentleert zu werden. Diakonische Tätigkeiten können zur reinen sozialen Arbeit werden, zum Projekt oder sogar zum Business. Doch die Einheit zwischen der Liebe zu den Armen und dem Gebet ist ein Geheimnis, das es immer tiefer zu ergründen gilt. Das, so denke ich, ist die entscheidende Herausforderung von Christen. Auch heute.

Vielleicht hängen die Tatsache, dass man den Frauen in der Kirche wenig Raum gibt, und die Tatsache, dass die Armen wenig beachtet werden, eng miteinander zusammen? Dabei geht es mir nicht um Machtwechsel in der Kirche, sondern um das Wiederentdecken der eigentlichen Berufung: Kirche aller zu sein. Ein starkes Christentum, das Stellung bezieht und das Unrecht öffentlich macht, wird dringend gebraucht. Es geht um die Wiederentdeckung von Achtsamkeit und Zärtlichkeit im Umgang mit allen Menschen. Ich denke, ein Christ kann demütig sein in dem Sinne, dass er erkennt, wer er ist und welche Grenzen er hat. Aber er darf nie irrelevant sein. Er muss visionär sein, aber nie weltfremd. Vieles wurde mir im Laufe der Jahre mit der Gemeinschaft Sant'Egidio deutlich: Wenn ich als Jüngerin leben möchte, bin ich verantwortlich, dem Wort Gottes gegenüber und dem Menschen. Das ist der Auftrag, dazu bin ich da.

Ich bin eine Frau, ich lebe in dieser Kirche und ich sehe die Schwächen, die Fehler und die Reformbedürftigkeit. Reformbedürftig wird Kirche immer bleiben. Oft waren es im Evangelium Frauen, die große Veränderungen herbeigeführt haben: Angefangen bei Maria, der Mutter Jesu, die zur radikalen Veränderung ihres Lebens ja gesagt hat und damit die Geburt Jesu erst ermöglichte und die zur ersten Jüngerin Jesu wurde. Maria Magdalena, eine komplizierte Frau, die zur ersten Verkünderin der Osterbotschaft wurde, Maria, die Schwester von Marta und Lazarus, die sich dem Herrn zu Füßen setzte, um ihm zuzuhören, und von der Jesus sagte: Maria hat den guten Teil gewählt, der wird ihr nicht genommen werden. Oder Judith aus dem ersten Testament, die sich mit Klugheit und Schönheit dem mächtigen Gegner widersetzte und so das ganze Volk Israel rettete.

Die Kirche ist weiterhin in männlichen Strukturen verhaftet. Frauen wird meist nur eine Nebenrolle gegeben. Das entspricht schon lange nicht mehr den gesellschaftlichen Errungenschaften des Miteinanders von Mann und Frau. Aber auch das moderne Selbstverständnis des Mannes passt nicht mehr in die kirchlichen Strukturen. Kirche muss einen Weg finden, ein neues Miteinander von Männern und Frauen zu leben, in Gemeinschaft und Kommunion. Anstelle der vertikalen, traditionellen und männlichen Dimension muss ein »Bündnis« entstehen, das der Wirklichkeit der Frauen und damit der Wirklichkeit des Lebens gerecht wird. Dann werden sich neue Wege öffnen, die der Menschheit heute entsprechen.

Weibliche Verantwortung in veränderten Strukturen würde neuen Wind in das Leben der Kirchen bringen. Es geht darum, eine Gemeinschaft von Männern und Frauen aufzubauen, die ihre tiefe Verwurzelung darin hat, dass das Taufpriestertum alle befähigt, Verantwortung zu übernehmen, Zeugen zu sein und Kirche mitten in der Welt zu bauen. Eine Gemeinschaft von Männern und Frauen würde die Strukturen ändern.

Da ich in einer Gemeinschaft lebe, die durch Geschwisterlichkeit und Gleichberechtigung geprägt ist, konnte ich immer das verwirklichen, was ich wollte. Die Priester bei Sant'Egidio sind Gleiche unter Gleichen, nach der Regel des Heiligen Benedikt, jeder hat seinen Dienst bei den Armen. Am Ende aber ist es der Glaube, der Veränderung bringen wird, der Glaube daran, dass Gott in dieser Welt wirkt, durch uns und durch die Kraft, die er schenkt. Es ist der Glaube daran, dass Worte eine verändernde Kraft haben. Es ist die Überzeugung, dass das Evangelium uns immer voraus ist und wir es jeden Tag neu entdecken und interpretieren können.

Alexander Men, ein russischer Märtyrer, prägte die Idee, dass das Christentum erst am Anfang sei und nur seine ersten Schritte getan hätte. Dieser Gedanke gefällt mir und bedeutet für mich, dass die letzten Seiten des Evangeliums leer sind und mit unserem Leben in unserer Zeit gefüllt werden, einem Leben, das an die verändernde Kraft der Liebe glaubt.

Gott kommt

Und prüft die Abgasmessungen.
Es verwirrt ihn, dass so viel gelogen wird.
Er liebt Autos und das Fahren, fährt schon seit einer
nicht halbierten Ewigkeit immer um die Welt,
die ihn erschaffen.

Er schaltet Ampeln so,
dass Entenfamilien unbeschadet watscheln können,
und das teilen Leute dann auf Facebook,
damit mehr Weltfrieden ins Getriebe kommt.
Gott hat beim Marketing auf keinen Fall geschlafen.

Gott hat übrigens einen Vornamen,
wer den kennt, hat einen Marktvorteil,
muss ihm das nicht vorstrecken.
Dabei liebt er dich doch sehr.
Sprich ihn an und er muss sich vierteilen.
Leichte Übung, doch visuell krass überfordernd.

Nora Gomringer

Eine Herausforderung für jeden einzelnen Tag

Gerlinde Kretschmann im Gespräch mit Elisabeth Zoll

Gerlinde Kretschmann ist im Schatten der katholischen Kirche Sankt Peter und Paul in Sigmaringen-Laiz aufgewachsen. Mit 27 Jahren trat sie aus der katholischen Kirche aus, mit 51 Jahren trat sie wieder ein. Beides waren für sie Schritte der Befreiung.

■ Frau Kretschmann, Sie sind in jungen Jahren aus der katholischen Kirche ausgetreten. Wie war das für Sie?

■ Die Entscheidung fiel 1974 nach einer langen Auseinandersetzung. Ich wollte der Gemeinschaft, in die ich hineingeboren wurde und in der ich aufgewachsen bin, nicht mehr angehören. Diesen Schritt hatte ich mir gut überlegt.

■ Wie kam es dazu?

■ Der Austritt war das Ergebnis eines langen, quälenden Prozesses. Mir wurde im Laufe der Jahre klar: Ich muss mich von der Kirche trennen. Nicht wegen der Kirchensteuer, die viele Berufseinsteiger, wie ich eine war, ins Grübeln bringt. Das war für mich nie ein Thema. In jedem Verein, in dem ich Mitglied bin, muss ich einen Beitrag zahlen. Mir ging es um etwas Anderes: Ich hatte ein großes inneres Bedürfnis, einen Schlussstrich zu ziehen. Die Kirche hatte mir zu dieser Zeit nichts Positives mehr zu sagen. So war der Austritt für mich ein Akt der Befreiung. Ein Schritt der Wahrhaftigkeit.

■ Erinnern Sie sich noch an die Umstände Ihres Kirchenaustrittes?

■ Wir wohnten damals in Echterdingen, unweit von Stuttgart. Unser persönliches Umfeld war überhaupt nicht kirchlich geprägt. Keiner ging in einen Gottesdienst. Ich wüsste noch nicht einmal, wo eine katholische Kirche gewesen wäre. Sichtbar war am ehesten noch die evangelische Kirche. In Echterdingen bin ich zum Rathaus gegangen, habe das Formular unterschrieben, und das war es dann.

■ War das für Sie ein großer Schritt?

■ Nein, das war ein formaler Akt. Von der Kirche getrennt hatte ich mich viel früher.

■ Was hatte zu dieser Entfremdung geführt?

■ Das reicht in meine Grundschulzeit zurück. Im Rahmen des Kommunionunterrichts mussten wir uns für die Beichte vorbereiten. Für mich war das befremdend. Als Kind fühlte ich mich plötzlich auf meine Sünden reduziert. Dabei habe ich mich nie als sündiges Kind empfunden. Ich wusste gar nicht, was ich beichten sollte. Dieses verstörende Unbehagen habe ich nie vergessen. Nach der Erstkommunion durften meine Brüder Ministranten werden. Ich nicht. Das habe ich nicht verstanden. Es hieß damals zur Begründung: Du bist »bloß« ein Mädchen. Aber: Warum bin ich »bloß«? Innerlich rebellierte ich dagegen. Die Kirche versuchte mich klein zu machen. Ständig ging es um Sünde und um Verzicht. Aber auf was sollten wir Kinder damals verzichten? Wir hatten ja nichts, auch keine Süßigkeiten. Im Jugendalter kam dann noch die von der Kirche formulierte Körper- und Sexualfeindlichkeit dazu.

■ Hat sich Ihre private Welt mit dem Kirchenaustritt verändert?

■ Nein, zumindest nicht negativ. Weil ich mir Zeit gelassen hatte, mein Verhältnis zur katholischen Kirche zu klären, war für mich der Austritt stimmig. Dieser Schritt hat auch niemanden interessiert. Auch nicht meine Kolleginnen und Kollegen an der Schule. Als Grundschullehrerin habe ich später alles unterrichtet außer Sport und Religion. Das wäre nicht aufrichtig gewesen.

Heute sehe ich Vieles, was mich damals an der Kirche störte, anders. Selbst die Beichte. Der Reflexion – was läuft gut, was nicht? – kann ich heute etwas abgewinnen. Im Nachdenken über das eigene Tun und Unterlassen sehe ich durchaus eine Hilfestellung für das Leben.

War die Kirche Ihrer Kindheit auch schön?

Ja. Die Bräuche und Feste spielten in unserer bäuerlichen Familie eine große Rolle. Neben den Jahreszeiten und den damit verbundenen Arbeiten setzte das Kirchenjahr einen zweiten Rahmen. In unserer Familie galten katholische Riten. Vor dem Mittagessen wurde gebetet, und auch am Abend. Selbstverständlich war der sonntägliche Kirchgang für alle. Meine Großmutter, bei der ich einige Zeit lebte, segnete mich immer mit Weihwasser. Mit ihr habe ich auch Kirchenlieder gesungen. Das ist bis heute eine ganz starke Basis.

Wie sind Sie aufgewachsen?

Ich wurde in Sigmaringen-Laiz als zweites von acht Kindern geboren. Meine Eltern waren Bauern, die Anfang der 1950er Jahre von der Ortsmitte in einen Aussiedlerhof gezogen sind. Zurück im Ortskern blieb meine Großmutter. Bei ihr lebte ich einige Jahre, denn sie sollte nach dem Wegzug meiner Familie nicht allein bleiben. Die Jahre bei meiner Großmutter waren für mich eine herrliche Zeit. Erst als ich für ein Mädchengymnasium angemeldet wurde, holten mich meine Eltern zurück. Natürlich mussten wir Kinder mithelfen auf dem Hof. Damit wurde uns auch viel Verantwortung übertragen. Für mich war das eine Erziehung zur Selbstständigkeit, die mich bis heute prägt. Und die in den letzten Jahren vor dem Abitur, als ich wegen meines umständlichen Schulweges auf eine Klosterschule wechselte, zu schweren Konflikten führte mit manchen Ordensschwestern, deren Klein-Klein und Engstirnigkeit mir gegen den Strich gingen. Ihr Kontrollzwang forderte mich oft heraus.

Heute hängt ein Kreuz in Ihrem Wohnzimmer ...

Ja, aber das ist kein klassisches Wohnzimmer-Kreuz. Dazu ist es zu groß. Doch dieses Kreuz war schon immer in der Wohnstube meines

Elternhauses. In der Familie gehen wir davon aus, dass es eine Vorfahrin nach der Auflösung ihres Klosters mit auf den elterlichen Hof gebracht hat.

▬ Haben Sie als junge Mutter trotz Kirchenaustritts religiöse Feste mit Ihren Kindern gefeiert?

▬ Natürlich. Wir haben mit den Kindern Ostern und Weihnachten gefeiert. Auch bei uns stand ein Christbaum in der Wohnung. Und ich wusste auch, welche Bedeutung die Feste haben. Doch in die Kirche gegangen sind wir nicht mehr.

▬ Blieben Sie der Kirche in irgendeiner Form verbunden?

▬ Ja, durch die Kunst. Dafür habe ich mich schon immer interessiert. Zur Kunst gehören Kirchen. Und eine Kirche gibt es hier im Südwesten Deutschlands in jedem Dorf. Wie oft habe ich gestaunt über die Schönheit und Ausdruckskraft der Bilder und Skulpturen. Die Botschaft der Darstellungen konnte ich entschlüsseln. Schließlich hatte ich die Bildsprache ja einmal gelernt. Dieses Band blieb. Es reicht von der Kirche der Kindheit bis zum Zeitpunkt, an dem ich wieder eingetreten bin.

▬ War der Austritt aus der Kirche auch eine Abkehr von der Religion und Glauben?

▬ Wenn ich ehrlich bin, ja. Der Glaube war für mich jahrelang absolut kein Thema mehr.

▬ Wann hat sich das verändert?

▬ Das hängt mit dem Umzug nach Laiz zusammen und mit unseren Kindern. Unsere älteste Tochter war zu diesem Zeitpunkt in der zweiten Klasse. Und sie wollte unbedingt am Religionsunterricht teilnehmen. In Echterdingen habe ich sie noch vertröstet, ihr aber auch versprochen: »Wenn wir in Laiz sind, darfst du das.« Mit dem Umzug änderte sich unser Umfeld. In Laiz ist die Kirche in Hörweite. Die Kirche als Gemeinschaft spielt in der Gemeinde eine Rolle.

Unsere Älteste wollte kurz darauf auch in den Kommunionunterricht gehen, und sie wollte getauft werden. Das ging von ihr aus. Der Pfarrer war zunächst skeptisch. Die Taufe einer fast schon Jugendlichen war ihm fremd. Und dann auch noch aus einem Elternhaus, das nicht mehr kirchlich war. Doch ich beruhigte ihn. Wir haben die schönste Taufe und Erstkommunion gefeiert, die man sich vorstellen konnte. Die ganze Gemeinde wirkte mit. Da wollten dann auch die jüngeren Brüder in den Religionsunterricht.

— Haben Sie als Eltern auf das Interesse Ihrer Kinder an Religion reagiert?

In gewisser Weise schon. Bei uns am Tisch gab es vor allem drei Themen: Schule, Politik und Religion. Alles wurde leidenschaftlich diskutiert.

— Dann haben die Kinder Sie auf die kirchliche Spur zurückgebracht?

Nicht nur sie. Jahre nach unserer Rückkehr nach Laiz bin ich in den Kirchenchor eingetreten. Ich singe nun einmal gern. Dass ich konfessionslos war, war dort für niemanden ein Problem. Ohne Druck konnte ich wieder einen Zugang zur Liturgie und zu den kirchlichen Ritualen entwickeln. Für mich war es ein langsames Darauf-zu-Wachsen bis ich eines Tages wusste: Ich will wieder zur Gemeinschaft der Gläubigen gehören. Mir vermitteln die Riten und die Kirchenlieder ein Gefühl der Geborgenheit. Mein Gast-Sein stimmte jetzt nicht mehr. Ich wollte Teil dieser Gemeinschaft sein. Und dazu gehörte für mich auch der formale Akt des Wiedereintritts. Ich habe ja auch geheiratet und bin bewusst den Grünen beigetreten. Das sind Bekenntnisse. Und für mich auch Ausdruck von Wahrhaftigkeit.

— So ein Bekenntnis kann drückend werden, gerade in dieser Zeit der Kirchenkrise. Ist Ihnen in jüngster Zeit der Gedanke eines Wiederaustritts in den Sinn gekommen?

Nein, nie. Mit meinem Wiedereintritt bekenne ich mich zur Kirche in guten und in schlechten Tagen. Das Unverbindliche passt nicht zu mir. Natürlich bietet die Kirche mit dem schrecklichen Missbrauchs-skandal genug Anlass, fassungslos und erschüttert zu sein. Denn das ist wirklich unvorstellbare Sünde, um ein altes Wort aufzugreifen, wenn Kindern und Jugendlichen sexuelle Gewalt angetan wird. Doch Kirche ist eben mehr als nur die Kleriker. Sie ist die Gemeinschaft der Gläubigen. Und da habe ich an meinem Wohnort wunderbare Menschen kennengelernt, auch Pfarrer, die sich unermüdlich einsetzen und die aus tiefstem Herzen versuchen, das Evangelium zu vermitteln. Das ist für mich Kirche.

■ Das trifft auch auf die evangelische Kirche zu. Doch Sie sind wieder katholisch geworden. Ein Zufall?

▬ Nein. Katholisch-Sein – das gibt mir Heimat.

■ Was ist Ihnen da wichtig?

▬ Der Gottesdienst insgesamt, besonders aber die Passions- und Osterliturgie. Sie empfinde ich als Geschenk für die Menschen. Die biblischen Texte sind literarisch wunderbar. Und dann der Inhalt: Jesus wird durch Menschen erniedrigt bis zum Alleräußersten und kann doch vergeben. Trotz Tod ist da so viel Hoffnung. Das Leben geht weiter – in welcher Form auch immer. Das bewegt mich ganz tief. Mehr kann Glaube nicht bieten.

■ Begleitet Sie diese Hoffnung auch in Ihren dunklen Stunden, zum Beispiel während Ihrer Brustkrebserkrankung?

▬ Der Glaube hat mir auch in dieser Zeit Zuversicht gegeben. Meine Mutter ist in meinem Alter an Krebs gestorben. Und das war sehr schlimm, denn sie wollte nicht sterben. In solch eine Verzweiflung wollte ich mit meiner Erkrankung nicht fallen. Unabhängig davon, wie meine Chance stünde, den Krebs zu besiegen. Ich weiß, ich habe ein gutes Leben – mit vielen Tiefen, aber auch mit vielen Höhen. Dafür bin ich dankbar. Und ich vertraue darauf, dass das nicht alles ist. Diese Einstellung war in der Zeit der Erkrankung meine Leitplanke, an der entlang ich mich bewegt habe. Ob ich das auch durchgehalten hätte, wäre der Krankheitsverlauf ein anderer gewesen, weiß ich natürlich nicht.

∎ Welche Alltagsrituale geben Ihnen Kraft?

∎ Ich setze mich oft in Kirchen, um in deren Stille einzutauchen. Das tut mir gut, auch wenn ich manchmal nur wenige Minuten Zeit dafür habe. Die Ausstrahlung eines Kirchenraumes hat etwas Heilsames. Ich muss nichts beweisen, wenn ich in eine Kirche gehe. Es gibt keine Anforderung an mich. Ich muss nicht beten, sondern darf einfach sein. Ich kann die Kunst betrachten – oder es lassen. Ich kann eine Kerze anzünden – muss es aber nicht. Deshalb freue ich mich sehr darüber, dass inzwischen auch viele evangelische Kirchen während des Tages geöffnet sind. Das ist ein Geschenk der Kirchen an die Menschen. Für mich ist das sehr wichtig.

∎ Gibt es weitere Schätze Ihres Glaubens, zum Beispiel eine Bibelstelle, die Sie trägt?

∎ Weniger eine Bibelstelle. Es ist eine Zeile des Vaterunser-Gebetes: »Und vergib uns unsere Schuld, wie auch wir vergeben unseren Schuldigern.« Diese Zeile rüttelt mich immer wieder auf. Welche Schuld habe ich auf mich geladen? Auch in unserer Familie, unter uns Geschwistern, gibt es Konflikte. Die Gebetszeile ist da eine immer wiederkehrende Aufforderung zu vergeben, dem Anderen eine neue Chance zuzugestehen. Verzeihen ist nicht immer einfach. Aber ich muss es immer wieder versuchen, auch in der Hoffnung, dass auch mir verziehen wird. Das ist für mich ein Kern des christlichen Glaubens. Der fordert mich jeden Tag heraus.

∎ Ist das schwieriger als Lob und Dank?

∎ Dank ist schon auch etwas sehr Wichtiges. Da erkenne ich an, dass mir der Andere etwas gegeben oder eine Freude bereitet hat. Das zu sehen und auszusprechen ist wichtig.

- Sie singen nach wie vor im Kirchenchor. Begleiten Sie Liedzeilen durch Ihr Leben?
- Natürlich. Kirchenlieder sind ein Schatz. Auch wenn sich manchmal nur ein kleiner Fetzen ins Gedächtnis drängt.

- Haben Sie einen Lieblingsheiligen / eine Lieblingsheilige?
- Am ehesten noch den heiligen Martin. Den habe ich mit meinem Enkel neu entdeckt. Als Dreijähriger hat er ein ganzes Jahr lang Szenen aus der Heiligenlegende nachgespielt. Das hat mich zum Nachdenken angeregt. Die Quintessenz des heiligen Martins ist, dass man auch Fremden helfen muss; Menschen, die nicht zur Familie gehören. Darin steckt für mich zutiefst Christliches: Wir sind auch verantwortlich für Menschen, die wir nicht kennen, nicht lieben. Auch sie sind unsere Nächsten.

- Was heißt Katholisch-Sein für Sie heute?
- Heute sehe ich vor allem, dass mir die Kirche ein Angebot unterbreitet. Ich bin frei, es anzunehmen oder nicht. Keiner zahlt mehr einen Preis, wenn er oder sie deren Angebot ausschlägt. Das gibt mir ein inneres Gefühl der Freiheit. Das wird verstärkt durch die in unserer Gesellschaft existierende Trennung von Staat und Kirche, für die ich sehr dankbar bin. Die Macht der Institution wird dadurch begrenzt. Sie hat keine gesellschaftliche Sanktionsmöglichkeit, wenn Menschen sich von ihr abwenden. Die Beziehung zur Kirche bleibt jedem Einzelnen überlassen und seiner Selbstbestimmung. Mich macht das frei. Auch frei von Angst.

- Wie ordnen Sie den Missbrauchsskandal ein?
- Das sind schwere Verbrechen. Den Kindern und Jugendlichen wurde in jungen Jahren Schlimmes angetan. Viele von ihnen leiden ein Leben lang. Das kann man nicht wiedergutmachen. Nicht wenige Männer und Frauen der Kirche haben da schwere Schuld auf sich geladen. Diese wiegt umso mehr, als jahrzehntelang Menschen eine strenge Moral gepredigt wurde. Jetzt ist der Absturz umso tiefer. Die

Institution Kirche muss sich an ihren eigenen moralischen Standards messen lassen. Das wird auch dadurch nicht relativiert, dass es sexuelle Gewaltverbrechen auch in anderen Bereichen der Gesellschaft gibt, in Familien, im Sport ... Und auch nicht dadurch, dass in den 1950er und 1960er Jahren, in denen viele dieser Verbrechen geschehen sind, in der gesamten Gesellschaft das Gespür für sexualisierte Gewalt weitgehend fehlte.

■ Austritt ist keine Option mehr für Sie. Im Gegenteil: Sie engagieren sich in verschiedenen Diensten für die Kirche. Warum das?

▬ Ich will doch nicht nur passives Mitglied sein. Wie will man sonst Einfluss nehmen, selbst, wenn es nur in einem bescheidenen Umfang möglich ist? Das ist in der Politik so und das ist in der Kirche so. Ich bin Lektorin und lese diese wunderbaren Bibeltexte sehr gern. Diese Aufgabe empfinde ich auch als kleinen Ersatz, weil ich nicht Ministrantin sein durfte und weil meine Tochter trotz Theologiestudium nicht Priesterin werden kann.

■ Wie würde Ihre katholische Kirche aussehen, wenn Sie diese reformieren dürften?

▬ Ich würde den Pfarrern als erstes den Pflichtzölibat erlassen. Viele Kleriker werden zur Einsamkeit gezwungen. Das tut mir so leid für diese Menschen. Ich finde es unhaltbar, dass Menschen, die diesen Zwang zum ehelosen Leben nicht aushalten, nicht geeignet sein sollen für die Seelsorge. Außerdem sollte man Frauen alle Ämter zugänglich machen. Frauen zumindest zu Diakoninnen zu weihen, wäre ein wichtiger erster Schritt. Menschen suchen nach etwas, an das sie glauben können, das ihnen Orientierung gibt. Der christliche Glaube bietet da viel. Das ist wertvoll für unsere Gesellschaft und für die Welt.

■ Wir haben begonnen bei der Entfremdung und sind nun beim Engagement für die Kirche angelangt. Wie schauen Sie heute auf Ihren Weg zurück? War Ihr Kirchenaustritt eine »Jugendsünde« oder eine notwendige Etappe auf Ihrem Glaubensweg?

▬ Für mich war das ein absolut notwendiger Schritt. Wegen ihm kann ich heute in Freiheit in der Kirche sein und mich dort engagieren. Mir ist die Kirche zu viel wert, um nur ein Mitläufer zu sein. Manche Trennungen sind wichtig, damit man weitermachen kann.

Eia ergo – Auf geht's, Welt retten!

Gudrun Lux

In München ist Fronleichnam eine bedeutende Sache. 2022 zumal, nachdem die großen Feierlichkeiten pandemiebedingt zwei Jahre ausgefallen waren. Glocken, Blumen, Fahnen raus, Trachten an, auf geht's! Angeblich waren's 10.000 Menschen, die am Marienplatz Gottesdienst feierten und im Prozessionszug über die Residenzstraße zur Ludwigskirche zum Segensaltar und über die Theatinerstraße zurück zum Marienplatz zogen. Ich sollte nun erstmals in einer für mich neuen Rolle an den Feierlichkeiten teilnehmen, als Stadträtin der Landeshauptstadt und Vertreterin des Oberbürgermeisters, in der ersten Reihe.

Als Kind war ich noch vor der ersten Reihe, als Ministrantin ganz nah dran. Nicht in München, sondern in Schweinfurt. Alles einige Nummern kleiner. Aber die gleichen Lieder, das gleiche erhebende Gefühl. Oder kam dieses »erhebende« erst später? Ich weiß es nicht mehr. Manchmal denke ich: Ich bin schlecht darin, mich zu erinnern. Aber dann kommen Bilder und Emotionen wieder. Eine Kindheitserinnerung: Das Baby – meine jüngere Schwester – sollte getauft werden, ich war fünfeinhalb. Der Vater übte mit uns anderen Kindern die Lieder zum Fest. »Ins Wasser fällt ein Stein« war eines davon, wir haben das Bild vom Stein, der ins Wasser fällt, auch nachgespielt, um es zu verstehen. Wann immer ich das Lied höre oder singe, ist es auch ein Lied der Verbundenheit mit meiner Herkunftsfamilie.

Biblische Geschichten, religiöse Lieder, Tischgebete und der Gottesdienstbesuch gehörten so selbstverständlich zu meiner Kindheit und Jugend wie auch die Übersetzung des Christseins ins politische Handeln: Wir kauften im Weltladen ein, trennten Müll, beschäftigten uns mit fairem Handel und demonstrierten gegen das nahegelegene Atomkraftwerk Grafenrheinfeld. Ich war in der Katholischen Jungen Gemeinde (KJG), ich war Messdienerin, später Gruppenleiterin bei den katholischen Pfadfindern (DPSG). Und ich wurde, vierzehnjährig, Parteimitglied. Die Grünen waren für mich als engagierte junge Katholikin die folgerichtige Wahl, um mich parteipolitisch für die Bewahrung der Schöpfung und die Würde jedes einzelnen Menschen als Gottes Ebenbild einzusetzen. Wenn wir glauben, dass das Reich Gottes in dieser Welt angebrochen ist, ist es dann nicht unsere Pflicht, daran mitzubauen? »Try and leave this world a little better than you found it«, diese Worte des Gründers der Pfadfinderbewegung, Robert Baden-Powell, sind für mich bis heute eine persönliche Verpflichtung.

Wenige Monate vor meinem Parteieintritt war ich zum ersten Mal zu einem Katholikentag gefahren, mit meiner Mutter nach Dresden. Katholikentage waren für mich von da an ein Tor zur Welt. Auch fast drei Jahrzehnte später, 2022, war ich auf einem Katholikentag, in Stuttgart, inzwischen als Mitglied des Zentralkomitees der deutschen Katholiken (ZdK), das die Katholikentage verantwortet. Vieles sehe ich heute kritisch an den Katholikentagen. Da ist mir zu viel »das machen wir immer so«. Das lähmt und kann schnurstracks in die Bedeutungslosigkeit führen. In welcher Form Debatten, Auseinandersetzung und das Ringen um das Beste geschehen, muss ohne übertriebene Rücksicht auf Eingespieltes und Eingeschliffenes hinterfragt und neu probiert werden. Wenn Katholikentage die Welt aus dem Glauben heraus gestalten und Impulse für Gesellschaft und Kirche geben wollen, müssen sie sich ändern, sich neu erfinden und im besten Sinne zeitgemäß sein.

Das alles ist wahr – und doch ist es nur ein Teil der Wahrheit. Für mich ist jeder Katholikentag auch eine Art Familientreffen. In Stuttgart war ich eine Woche, traf so viele Freund*innen und Bekannte wieder, lernte neue Menschen kennen, mit denen es einfach war, tiefe und sinnvolle Gespräche zu führen. Das Stuttgarter Leitwort war »Leben teilen«, und genau das ist es, was den Katholikentag für mich ausmacht. Schon mit den ersten Fahnen und Plakaten, die ich in Stuttgart sah, stellte sich eine Vertrautheit und Verbundenheit ein, die mich sofort eindringlich spüren ließ: Auch diese Treffen sind ein Stück Heimat für mich. Ich bin dort glücklich. Ein Höhepunkt war für mich das gemeinsame Taizé-Gebet, die »Nacht der Lichter«. Singen. Zur Ruhe kommen, in sich selbst ruhen dürfen im Vertrauen darauf, gehalten zu sein: »Nada te turbe, nada te espante, quien a Dios tiene, nada le falta.«[1]

Spanisch gelernt habe ich in Mittelamerika. Eine Freundin war als »Missionarin auf Zeit« nach Tansania gegangen, ich war fasziniert davon, was sie berichtete, und eiferte ihr nach. Nach dem Abitur zog ich nach Guatemala, lernte das Land, die Menschen, ihre Art zu leben und zu glauben kennen. Die Erzählungen meiner Kindheit der 1980er Jahre wurden real, die Theologie der Befreiung bekam Farbe und Tiefe, Gesichter und Geschichten. Zurück in Deutschland entschied ich mich, in Mainz zu studieren, das ich vom 1998er-Katholikentag kannte. Katholische Theologie gehörte zum Kanon meiner universitären Studien, mit dem Schwerpunkt der außereuropäischen Kirchengeschichte – wo viel von Heil die Rede war und doch so viel Unterdrückung und Unrecht geschehen ist!

»Er stürzt die Mächtigen vom Thron und erhöht die Niedrigen. Die Hungernden beschenkt er mit seinen Gaben und lässt die Reichen leer ausgehen.« Wie viel Hoffnung macht das Magnificat, wenn man anscheinend machtlos der Unterdrückung und dem Unrecht unserer Tage gegenübersteht! Was ist das für eine Frau, Maria!

Als Kind sang ich oft »Segne du Maria, segne mich dein Kind« – ein Lied wie eine Daunendecke, ein Lied, das einlullt, wie in eine Wolke, das lieblich-sanftmütig in Geborgenheit wiegt. Das Lied begegnete mir aber nicht daheim, in meinem »links-katholischen«, befreiungstheologisch bewegten Elternhaus, sondern in Traugottesdiensten, bei denen

---

1 Aus dem Spanischen übersetzt etwa: »Nichts soll dich beunruhigen, nichts soll dich erschrecken, wer Gott hat, dem fehlt es an nichts.«

ich als Neunjährige gemeinsam mit meiner älteren Schwester an Samstagen ministrierte (und anschließend immer ein paar Mark zugesteckt bekam). In meiner Erinnerung endete jeder Hochzeitsgottesdienst mit diesem Lied: »Segne alle Herzen, segne jedes Haus.« Gleichzeitig begann meine Mutter, sich mit feministischer Theologie zu beschäftigen. Da war Maria kein sanftmütiges engelgleiches Wesen, sondern eine Revoluzzerin, die das Magnificat singt. Maria ist diejenige, der die Gnade Gottes zuteilwird, und sie entscheidet sich selbst: »Mir geschehe nach deinem Wort« – sie entscheidet sich selbst, sagt Ja zu Gott und zu Gottes Sohn. Da trat ein ganz anderes Marienbild in mein Leben: Eine junge Frau, unehelich schwanger, die ihr Ding durchzieht, die einen Gott besingt, der die Verhältnisse ändert zugunsten der Benachteiligten. Und gleichzeitig war Maria für mich auch immer persönlicher Bezugspunkt. Wenn ich eine Kirche besuche, dann zünde ich gern eine Kerze an vor einer Mariendarstellung, halte inne, vertraue Menschen, die mir lieb und teuer sind, der Obhut der Gottesmutter an.

Vieles ist und bleibt mir fremd, was kultisch um die Gottesmutter gebaut wird. Vor allem diese Sache rund um die Reinheit geht mir auf den Wecker. Unbefleckt, jungfräulich – als ob Sex und Sinnlichkeit etwas Schlechtes wären! –, rein. Ich brauche keine Persil-Religion, sondern eine Religion, die Menschen Kraft gibt, ihr Leben zu meistern und gegen Unrecht aufzubegehren. Mein Glaube ist politisch – und ein politischer Auftrag, die Welt zu gestalten: für die Ärmsten einzutreten, sich nie zufrieden zu geben mit dem Mittelmäßigen, mit dem Zweitbesten, immer das Bessere suchen. Die Überhöhung von »Reinheit« und der Gegensatz zur »sündhaften« Frau – richtig perfekt ist nur Maria, alle anderen Frauen sollen ihr doch bitte nacheifern in Demut, Reinheit, Hingabe. Puh! Nein, so eine Gottesmutter kann mir nichts sagen. Eine Frau aus Fleisch und Blut, deren Freude und deren Schmerz ein echter Mensch nachvollziehen kann – das ist eine Frau, die ich ernst nehmen kann. Das oft komplett verkitschte Bild der Marienlieder und -wallfahrtsorte, das Bild, das einlullt und damit etwas vorgaukelt und den Verstand stumpf werden lässt, das ist mir zu wenig.

»Segne du, Maria« ist mir trotzdem geblieben. Es ist übrigens ein hervorragendes Wiegenlied. Das Bistum Mainz hatte einmal eine Fassung mit acht Strophen online, sehr nützlich, denn nach acht Strophen schlief meine Tochter als sie kleiner war, eigentlich immer. Die Maria, die mich überzeugt, ist aber die »andere« Maria. Die Feministin, Symbol der Befreiung, die uns Frauen* aufrecht stehen lässt, Kraft und Gnade zeigt, die selbstbewusst ein revolutionäres Lied anstimmt und von einer Zeit kündet, in der Unterdrückung und Unrecht ein Ende finden, in der Gerechtigkeit und Liebe leiten. Eine Gottesmutter, die mit ihrem Sohn Licht in die Welt bringt. Ein Licht, das wir auch heute so dringend brauchen! Denn wie dunkel ist es geworden! Wie unerträglich ist mir die verfasste Kirche!

»Die Zeit rückt näher, wo man sich fragen lassen muss, ob Nicht-Austreten zu rechtfertigen ist.« Der nüchterne Satz eines von Jugend an engagierten Katholiken im Dezember 2020 nach den fürchterlichen, bisher nicht bestätigten Berichten aus Speyer, in denen es hieß, Ordensfrauen hätten systematisch Priestern Zugang zu Kindern verschafft, um diese zu vergewaltigen. Systematische sexualisierte Gewalt, Misshandlungen, Vergewaltigungen. Selbst wer schon seit einem Jahrzehnt viel gehört und gelesen hatte, was in dieser Kirche möglich ist, spürte körperliche Übelkeit, Verzweiflung, Wut. »Ich halte es nicht mehr aus«, schrieb ich einem befreundeten Ordensmann. Er antwortete: »Manchmal würde ich auch gerne alles hinschmeißen.« Es sind wohl viele, denen es so geht. Mancherorts soll man monatelang auf Termine warten müssen, um den Kirchenaustritt zu erklären.

Währenddessen wurden munter Ansprachen über Gaudete (»Freut Euch!«) und das anstehende Weihnachtsfest gehalten. Über die Geburt eines Kindes im Stall zu predigen – wer kann sich angesichts der erschütternden Berichte und Enthüllungen vorstellen, dass das in dieser Kirche von diesen Bischöfen und Kardinälen glaubwürdig geschehen kann? Zu viele schweigen weiter, können sich nicht erinnern, wussten von nichts. Und überhaupt, sagen sie, das ist doch schon lange her. Und überhaupt, sagen sie, die Gnade Gottes wirke auch durch eine beschmutzte Hand. Und überhaupt, sagen sie, wir machen doch schon so viel. A bissl mehr geht scho noch, aber so aufregen müsste man sich doch nicht. Die Namen derer, die den zentralen Missbrauchstäter von Speyer als Generalvikar und Offizial eingesetzt und im Amt gehalten haben, sind bekannt.

Haben sie alle nichts gewusst, von den jahrelangen systematischen Verbrechen? Auch nicht der ehemalige Bischof von Speyer und spätere Münchner Kardinal Friedrich Wetter (1982-2007), der sich stets mit großer Vehemenz »für das ungeborene Leben« einsetzte, während das geborene Leben in seinem direkten Umfeld vor die Hunde ging? Dem dazu kein Wort über die Lippen kam? Und das ist ja nur ein Beispiel von so vielen. Ich bin so entsetzt, ich bin so wütend.

Gequälte Kinder. Ermordete Seelen. Diese katholische Kirche mit ihren Geheimbünden, ihrer verkommenen Doppelmoral, ihren Abgründen, die systematisch und systemimmanent Menschen erniedrigt, misshandelt, zum Objekt sexueller Perversion degradiert – diese Kirche muss zerschlagen werden. Ich gehe (noch) nicht, weil ich noch ein Fünkchen Hoffnung habe, dass ich beitragen kann, eine Kirche zu entwickeln, die den Anbruch des Reichs Gottes zeigt. Und auch weil ich furchtlos, unabhängig und frei agieren und sprechen kann in einem System, das noch heute viele lähmt und verängstigt, abhängig macht und unfrei. Weil ich als Schwester in Christo betroffen bin.

Ein Kampf, den ich mitkämpfe, hier und heute in dieser Kirche, ist der um die Anerkennung queerer Menschen und Lebensentwürfe. Ich bin als Mädchen geboren und aufgewachsen, ich lebe als Frau, ich bin verheiratet mit einem Mann, wir haben zwei Kinder. Kurz: Wir passen ins Schema F. Betroffen bin ich trotzdem. Ich bin betroffen, wenn meinen Brüdern* und Schwestern* Unrecht widerfährt. Ich bin betroffen, wenn Menschen, die nicht in einfache Schubladen passen, ausgegrenzt und gedemütigt werden. Theologisch gesprochen sind wir doch alle Glieder eines Leibes; wenn einem Teil Unrecht geschieht, darf und kann das die anderen nicht kalt lassen. Noch vor wenigen Jahren war schon das Benennen von Homosexualität in der Kirche ein Skandal, heute nehmen am Synodalen Weg junge Synodale teil, die über ihre geschlechtliche Identität sprechen – und ihnen wird zugehört. Ein kleiner Schritt? Vielleicht. Ein Schritt in die richtige Richtung immerhin. Als wir im Frühjahr 2021 im ZdK in einer regelrechten Kampfabstimmung den »Genderstern« als Teil unserer offiziellen Schreibweise in der internen und externen Kommunikation durchsetzen konnten, war das für mich ein Freudentag. Denn damit anerkennt das höchste Laiengremium Deutschlands geschlechtliche Vielfalt, benennt sie, macht sie sichtbar. Ein kleiner Schritt? Vielleicht. Aber ein Zeichen, das mir Mut macht.

Wir können die Welt verändern, indem wir es tun, auch wenn es nur in kleinen Schritten geht. Ich sehe es als meine Aufgabe, Respekt und Anerkennung für meine queeren Brüder* und Schwestern* einzufordern, aber auch, sichere Räume zu bieten und zu fördern, in denen sie frei sprechen und sein können. Sei es bei einer Synodalversammlung, sei es in der Heimatgemeinde oder dem katholischen Verband. Denn ich bin betroffen: »Wenn jemand die Güter dieser Welt hat und sein Herz vor dem Bruder verschließt, den er in Not sieht, wie kann die Liebe Gottes in ihm bleiben?« (1. Joh 3,17)

Die Liebe Gottes zeigen – tun wir das in Prozessionen wie an Fronleichnam? Dieses Fest scheint ja eigentlich einigermaßen aus der Zeit gefallen. Ein Fest aus dem 13. Jahrhundert mit einem ziemlich komischen Namen, der kaum noch verstanden wird. Ein Fest, das jahrhundertelang auch als Zeichen der Abgrenzung genutzt und gesehen wurde – Abgrenzung von den Protestanten, der Aufklärung, allerdings auch: vom Nationalsozialismus. Aber was soll uns dieses Fest heute noch sagen? Eine Menge Tradition und Weihrauch, schöne Bilder, erhebende Musik. Oh ja, mich berühren diese Lieder auch sehr! Aber: War's das? Und warum, diese Frage musste ich mir als Vertreterin des Oberbürgermeisters heuer auch stellen, macht die Landeshauptstadt da mit – mit Blumenschmuck, Rathausbeflaggung und einer Einladung der Mitwirkenden zum Frühschoppen im Anschluss an die Prozession? »Nun, lassen Sie mich versuchen, darauf eine Antwort zu geben«, sagte ich bei diesem Empfang. »Ich selbst bin katholisch, oft nicht glücklich-katholisch, sondern hadernd, zweifelnd, kämpfend. Aber eines ist gewiss: für uns katholische Christ*innen steht die Eucharistie für die

Zusage des Heils Gottes. Indem wir dieses Zeichen nicht für uns in unseren Kirchen behalten, sondern auf die Plätze und Straßen unserer Stadt bringen, zeigen wir: Wir Christ*innen stehen dafür, dass wir das Heil Gottes in die Welt hinaustragen – und mit allen gemeinsam das Gute für diese Stadt suchen.« (Vgl. Jer 29,7)

Am Ende der Fronleichnamsprozession in München wurden die Lieder gesungen, die ich seit Jahrzehnten kenne, die mich bewegen, die mir ein Gefühl von Gnade und Erhabenheit geben: »Großer Gott, wir loben Dich!« Unzählige Male gesungen, als Ministrantin dazu dauergeläutet, viele Kehlen, Worte und eine Melodie, die physisch etwas mit mir machen: Zum »Te Deum« muss man die Schultern zurücknehmen, aufrecht stehen und den Blick nach oben wenden, zum Himmel. Wo »Cherubim und Seraphinen« ein Loblied anstimmen. Dann »Salve Regina«, eines der wenigen lateinischen Lieder, dessen Text ich ohne zu zögern singen, von dem ich ohne zu übersetzen jedes Wort verstehen kann. Die ganze Festgemeinde wendet sich der goldenen Gottesmutterdarstellung auf der Mariensäule zu und jede Zeile berührt mich und macht mir Mut: »Eia ergo«, »wohlan denn«!

Herr,

Herrje.
Ich bin müde.
Ich bin kleiner als meine Kleidergröße.
Die Stapel auf meinem Schreibtisch wachsen und ich verschwinde
in meiner Kleidung. Eines Tages mache ich mich durch ein
Knopfloch, nein, ein Nadelöhr,
auf und davon.
Aushalten und Durchhalten und Kraft wünschen einem die Lieben.
Dabei wünsche ich mir ein Bett und einen, der Tee bringt und mich
sein lässt,
mich hin und wieder berührt, damit ich noch in der Welt bin, obwohl
so klein und verschwunden.
Eine Weile nur aufgehoben in Dir.

Nora Gomringer

Der uns hält

Hubertine Underberg-Ruder

Eine »Carte blanche« – gibt es etwas Schöneres, als völlig frei in Gestaltung und Themenwahl vor dem Hintergrund der drei Begriffe – Frauen, katholisch, frei – ans Werk zu gehen, die Gedanken schweifen zu lassen und zu Papier zu bringen, und so mit Ihnen, liebe Leserin, lieber Leser, in Verbindung zu treten?

Den mir angebotenen Raum möchte ich gern mit sieben Fragmenten über sieben Begriffe nutzen, die ich ausgewählt habe, weil Sie mir entweder »tiefer beleuchtungswürdig« erscheinen oder weil sie meiner Meinung nach überhaupt zu sehr im Schatten stehen. Mir ist bewusst, dass damit die großen, naheliegenden, aktuellen Themen von Liebe und Krieg, von Klimaerwärmung, Armut und Gerechtigkeit unbeleuchtet bleiben. Ich leiste mir also den Luxus und schreibe etwas abseits vom »Themen-Mainstream«. Sieben Begriffe zum Weiterdenken und Weiterverhandeln und vor allem Weiterhandeln: Sprechfähigkeit – Schöpfung – intrinsische Motivation – Dienen – Subsidiarität – Freiheit – Ökumene.

Wie will ich vorgehen? Einerseits von meinem Erleben im Alltag und gern auch Feiertag aus. Andererseits, indem ich »geronnenes Menschheitswissen« anderer mit meinem Erleben verknüpfe. Sei es durch Gespräch oder Lektüre – gern auch heiliger Schriften – oder Kunstgenuss.

Sprechfähigkeit

Warum? Was motiviert mich? Das hat mit der Wichtigkeit von »Sprechfähigkeit« – oder breiter: »Ausdrucksfähigkeit« – zu tun. In einem Lied heißt es, wir sollen Gott danken »mit Herzen, Mund und Händen«. Nach meinem Eindruck fällt uns das mit Herz und Hand leichter als mit dem Mund. Es wird zwar Vieles gesprochen, aber der Austausch über Abstraktes, Systemisches, Grundsätzliches ist nicht so einfach – und wenn es ins Transzendente »abbiegt«, schwingt vielleicht auch die Furcht mit, schief angesehen zu werden. Hinzu kommt, dass viele der Begriffe, die man dazu verwenden könnte, aus der Zeit gefallen, nicht mehr »belebt« zu sein scheinen. Und wenn es mir gelingt, eine echte Verbindung von Begriff und Erleben für mich herzustellen, kommen meine Worte beim Gegenüber bestenfalls in Teilen an. Vieles kann so nicht geteilt werden – es bleibt an der Oberfläche, bei einem »begrifflichen Stottern«, könnte man formulieren.

Wir Menschen, wir soziale Wesen brauchen den Austausch auch in der Tiefe, das Miteinander. Eine Erklärung wäre, dass außerhalb beruflich befasster Kreise (deren Sprache dann auch nicht unsere ist) die allermeisten von uns darin vor allem ungeübt sind. Anders als in meinem beruflichen Formulieren geht mir das jedenfalls eher zäh und stotternd aus der Feder. Sie werden hier also keine Anleitung in »Checkerinnen-Mentalität« finden. Hier steht mein Beitrag als der »aktuelle Stand« meiner Ausdrucksfähigkeit. Ich glaube, dass er so dennoch wichtig ist, und vielleicht erreicht er sie trotz oder gerade in diesem Stotter-Modus.

Aber ist uns dies bewusst – diese Ungeübtheit, dieses Stottern? Könnten wir etwas tun, um dies zu beheben? Was? Ist das nicht zu aufwendig und eher aussichtslos, hier zu »Erkenntnissen« zu kommen – wo uns der Alltag doch so beansprucht? Es geht um Grundsätzliches. Das sind Themen und Fragen, die uns lebenslang begleiten – Sinnfragen, zu Neudeutsch: »Purpose«.

Was mache ich gegen Stottern und Ungeübtheit? Eine Beobachtung: Nach der Geburt unseres jüngsten Kindes habe ich begonnen, mehrmals in der Woche zu laufen. Dabei fiel mir auf, dass Gedankengänge und Begriffe, die ich in meinem Hirn und Herz hin und her schiebe, sich in verschiedenen Situationen wandeln. Beim Sport sind sie anders als nachts im Bett oder bei der Haus-, Schreibtisch- oder Gartenarbeit. Seit ich das bemerkt habe, schätze ich solche Veränderung, um im Denken weiterzukommen. Veränderung, Perspektivwechsel, Vielfalt – ist also auch hier ein echter Vorteil. Eine weitere, besondere Situation, der ich mehr oder weniger einmal in der Woche eine Chance gebe, ist der Gottesdienst. Liturgie, Meditation sehe ich als Chance, uns durch ihre nochmals andere Vielfalt zu helfen – je regelmäßiger wir dies einüben, umso besser. Der erprobte Wechsel von Musik und Text, von Hören und Sprechen/Singen hat mir immer wieder geholfen, meine Gedanken, Vorstellungen und Ideen/Konzepte zu entwickeln und ihnen dann Ausdruck zu verleihen.

Ein letztes hierzu: Ohne eine heutige Sprechfähigkeit bleibt Glaube nur beim Einzelnen, bleibt Glaube privat. Wir können uns dann weder darüber austauschen noch in der Welt wirken.

Schöpfung

»Am Anfang war …«, so beginnt Johannes sein Evangelium. Die Frage, wie das nun folgende Wort – im griechischen Originaltext »Logos« (die ökumenische Einheitsübersetzung der Bibel spricht von »Wort«) – zu übersetzen sei, hat nicht nur Theologen aller Zeiten beschäftigt, sondern es auch in Goethes Faust geschafft. Dr. Heinrich Faust sitzt da in seiner Studierstube und ergründet nacheinander verschiedene mögliche Übersetzungen – neben »Wort« auch »Sinn«, »Kraft« und »Tat«. Für mich hat jede dieser möglichen Übersetzungen ein gutes Stück Wahrheit. Jeder dieser vier Begriffe beschreibt einen anderen, unverzichtbaren Aspekt von Schöpfung. Schöpfung ohne einen dieser vier Begriffe träfe es wohl nicht.

Heutiger ausgedrückt könnte man auch von Kreativität und Innovation sprechen statt von Schöpfung. Bei umgesetzten, kreativen Projekten spricht man von Innovation – Wort, Sinn, Kraft und Tat – eben.

Schauen wir auf die Schöpfung. Warum ist da etwas und nicht etwa nichts? Einfache Antworten führen in die Irre. Manchmal staunend und manchmal zweifelnd nehmen wir zur Kenntnis, dass wir sowohl auf dem Resultat dieser kreativen Innovation »Schöpfung Erde« leben als auch Teil davon sind. Wir sind uns dessen grundsätzlich auch bewusst und eigentlich wollen wir diese Erde und uns selbst möglichst genau verstehen – wie Heinrich Faust. Was sind die Prinzipien und Konzepte, die den Grund, die Basis legen?

Die Schöpfungsgeschichte ist mir als Biologin zugleich nah und fern. Nah, weil ich immer wieder überrascht bin, wie weit der Ablauf der einzelnen Schöpfungstage dann doch mit den Erkenntnissen über den Ablauf der Evolution übereinstimmt. Fern, weil dieses literarisch beschreibende Epos eben wenig über die Prinzipien und Konzepte sagt, die zugrunde liegen.

Wenn ich mich nach diesen Prinzipien und Konzepten auf die Suche begebe, ist auffallend, dass die Geschichte von vielen Spannungsfeldern an den verschiedenen Schöpfungstagen berichtet – so etwa von Licht und Dunkel, von oben und unten, von trocken und nass, von Mann und Frau. Wir wissen heute, dass das bis hinunter zu den kleinsten Teilen, den Atomen so ist. Gemäß dem Atommodell umgeben die negativ geladenen Elektronen den positiven Kern. Und auch auf planetarer Ebene umgibt unsere Erde ein Spannungsfeld, ein Magnetfeld von Nord- und Südpol. Wir wissen also von den Polen und vom dazwischen herrschenden Spannungsfeld, das diesen Zustand aufrechterhält.

Überall gibt es Spannungsfelder zwischen Polen – auf Ebene der Moleküle, der Zellen, der Organe, der Organismen und der Ökosysteme. Wie sind diese Spannungsfelder? Welches Begriffspaar trifft es am besten: labil-stabil, resilient-vulnerabel oder fragil-antifragil?

Entscheidend ist für mich, dass es Paare sind, die von Polen her dieses Spannungsfeld »aufspannen«. Und zwischen diesen Polen ist »Spannung«, ist »Kraft« – auf allen Ebenen vom Atom bis zu Planeten. Was sagt das über die Schöpfung, dass überall Spannung und Kraft ist? Sicher liegt es an meiner Ausbildung als Biologin, dass ich mit Spannung und Kraft automatisch »Leben« in Verbindung bringe. Das Gegenteil wären ja Schlaffheit und Entkräftung. Der Begriff »Lebenskraft der Schöpfung« könnte das ausdrücken.

Woher kommt diese Kraft? Warum war und ist diese seit dem Urknall immer da? Wir wissen es nicht. Aber wir wissen, dass sie da ist – heute, jetzt. Vor diesem Gedanken war Gott für mich vor allem der Erschaffer der Welt. Nach diesen Gedanken ist er auch der, »der die Welt trägt und hält«. Dadurch ist mir seine Gegenwart bewusster. »Der uns hält«, ist für mich das, was man wohl Heiligen Geist nennt.

Intrinsische Motivation

Das ist ein Begriff, der für mich eng mit Schöpfung zusammenhängt. Unter dem Titel »Ressource Vertrauen« hat der Trierer Bischof Stephan Ackermann ausgeführt, dass nach seinem Verständnis Vertrauen ganz am Beginn der Schöpfungsgeschichte steht. Vielleicht bevor die oben angeführten Worte, Sinn, Kraft und Tat sich formen, oder verwoben damit. Ein dreifaches Vertrauen – nämlich erstens das Vertrauen des Schöpfers in seine Schöpferkraft – sein Selbstvertrauen, zweitens das Vertrauen in die Schöpfung, dass die Vision, das Konzept der Schöpfung »trägt«, und drittens das Vertrauen in uns Menschen, denen er diese Schöpfung »anvertraut«.

Das erstgenannte Vertrauen – das des Schöpfers in seine Schöpferkraft – kennen wir Menschen auch an uns. Hier ist für mich die Brücke zur intrinsischen Motivation. Für mich ist dieses Vertrauen in die Schöpferkraft ein besonders wichtiger Teil, in dem wir Menschen Ebenbilder Gottes sind. Wir Menschen erfahren uns – nicht nur die Künstler oder Mode-Schöpfer– als schöpferisch, als kreativ und innovativ. Diese schöpferische Kreativität ist wesentlich für die Lösung von Problemen. Sie ist Voraussetzung von Unternehmertum – auf allen Ebenen und bei allen Teammitgliedern selbstverständlich – und damit auch Basis einer guten, einer gelebten Unternehmensvision oder auch eines erfolgreichen, agilen Geschäftsmodells. Zusammenfassend kann gesagt werden: Wir haben neue Gedanken, Lösungsansätze. Wir ringen um Konzepte und setzen diese – gern auch unvollkommen, menschlich (Mut zur Lücke! – Versuch und Irrtum!) – um. Wir schauen auf unser Werk und sind – vielleicht – überrascht und – wenn es ein Erfolg ist – zutiefst beglückt! Wir haben es vertrauensvoll umgesetzt mit Wort, Sinn, Kraft und Tat.

Wir Menschen haben diese Schöpferkraft in uns. Und uns hat Gott diese Schöpfung anvertraut. Er vertraut uns. Frage: Hätte Gott uns diese Schöpfung ohne diese Schöpferkraft auch anvertraut? Ich glaube nicht. Diese Schöpferkraft – oder wie Meister Eckhart sagt: der »göttliche Funke am Grunde unserer Seele« – ist nach meinem Verständnis eine Eigenschaft, die wir benötigen, um mit der Schöpfung und dem in uns gesetzten Vertrauen umzugehen. Das sage ich, obwohl es heute so nicht geschieht und wir in ungeeigneter Weise die Schöpfung ausbeuten.

Dienen

Nun ist also der göttliche Funke »multipliziert« in uns allen. Welche Folgen hat dies? Verschiedene Interpretationsrichtungen sind denkbar. Wird damit unsere Individualität aufgehoben oder befeuert? Theoretisch mögen sich Fachleute damit auseinandersetzen.

Wenn ich im Alltag in unserer Firma, in meinem Umfeld oder der Familie sehe, wie unterschiedlich Menschen vorgehen, wie riesig die Bandbreite der unterschiedlichen Herangehensweisen und Lösungswege ist, staune ich immer wieder. Was für ein Geschenk diese Vielfalt ist. »Damit Sie das Leben haben und es in Fülle haben«, das ist laut dem Evangelisten Johannes (Joh 10,10) das Ziel des guten Hirten. Ja, wenn ich diesen sprudelnden Overflow an Lösungsoptionen sehe, glaube ich, dass das möglich ist, ein Leben für alle in Fülle. Auf der anderen Seite grenzt es für mich an ein Wunder, dass bei so unterschiedlichen Menschen und Herangehensweisen eine Verständigung untereinander überhaupt möglich ist. Ich staune, dass nicht alles in kleinste »Mikro-Blasen« zerfällt, in eine gigantische babylonische Sprachverwirrung. Auch hier scheint mir auf widersprüchliche Weise ein Spannungsfeld zu bestehen, das auf »spannende Weise« beides ermöglicht: nämlich, dass unsere Individualität gleichermaßen überwunden wie verstärkt wird.

Was hat das oben Gesagte mit Dienen zu tun – und zunächst einmal: Was ist das eigentlich – Dienen? Der Begriff gehört zu denen, die für mich passen, also etwas mit und über mein Leben ausdrücken, die aber häufig mein Gegenüber nicht erreichen. Vermutlich liegt dies an

Bedeutungsinhalten wie Servilität, Buckeln oder Befehlsausführung (bei der Armee dienen), um die es mir nicht geht. Mir geht es um Dienen im Sinne von freiwillig – intrinsisch motiviert –»einem anderen einen Dienst erweisen«,»der Sache dienen« oder »dem großen Ganzen dienen«. So suche ich – bisher ohne Resultat – nach einem in diesem Sinne treffenderen Begriff. Doch was hat das nun mit »echtem« Dienen zu tun? Die obige Lebensfülle – davon bin ich überzeugt – wird für uns alle nur dann Wirklichkeit, wenn wir einander Dienste erweisen, der Sache oder dem Ganzen dienen. Wohlverstanden eben ohne uns zu verleugnen oder unsere Individualität aufzugeben. Diese Fülle könnte genau dadurch möglich werden und glücken, dass wir unsere vielfältigen Individualitäten nicht verleugnen, sondern ausleben – aber mit dem Blick auf etwas außerhalb von uns (der Andere, die Sache, das Ganze), dienend eben. Im Übrigen hat Jesus das mit dem »echten« Dienen anschaulich und vielfältig vorgemacht.

Subsidiarität

Auch ein Begriff, der sperrig ist, aber auf andere Weise als Dienen. Definitionsgemäß soll durch diese Maxime, »eine größtmögliche Selbstbestimmung und Eigenverantwortung des Individuums, der Familie oder der Gemeinde« angestrebt werden. »Das Subsidiaritätsprinzip besagt daraus folgend, dass (höhere) staatliche Institutionen nur dann (aber auch immer dann) regulativ eingreifen sollten, wenn die Möglichkeiten des Einzelnen, einer kleineren Gruppe oder niedrigeren Hierarchie-Ebene allein nicht ausreichen, eine bestimmte Aufgabe zu lösen. Anders gesagt bedeutet dies, dass die Ebene der Regulierungskompetenz immer ›so niedrig wie möglich und so hoch wie nötig‹ angesiedelt sein sollte. Das Subsidiaritätsprinzip ist ein wichtiges Konzept für föderale Bundesstaaten ...« (Wikipedia) So weit, aber leider nicht so gut. Das Konzept wird vielfach missachtet, obwohl es Teil der Verfassung aller deutschsprachiger sowie vieler weiterer Länder und im kirchlichen Kontext entstanden ist.

Warum führt die Subsidiarität, trotzdem sie so breit verankert ist, ein solches Schattendasein? Für mich hängt sie sehr stark mit einem wohl eher unbequemen Teil von Dienen zusammen. Denn wenn sich eine höhere Ebene »einmischt«, obwohl die niedrigere, kleinere die Aufgabe lösen kann, dient dies weder der unteren Ebene noch dem großen Ganzen – in diesem Fall dem Verfassungsprinzip. Natürlich kann ich nachvollziehen, aus welchen Gründen heraus dies passieren kann. Ein Grund kann sein, dass eine einheitliche Lösung effizienter erscheint oder leichter zu vermitteln ist (denken wir an die Anfangszeit der Covid-19-Pandemie).

Subsidiarität selbst ist Ausdruck von Respekt vor dem Einzelnen, vor dem Kleinen – ich möchte sagen – vor dem Agilen, Einfallsreichen im Sinne von »small is beautiful«. Das kann für die höheren und größeren Einheiten unnötig aufwendig oder unbequem erscheinen. Ein Gebilde trägt nur dann, wenn die unteren Ebenen, die kleinen Einheiten, nicht nur diesen Respekt erhalten, sondern durch das Leben von Subsidiarität immer wieder gestärkt werden, weil sie ihre Kompetenzen erleben, schulen, ausbauen. Subsidiarität ist in diesem Sinne ein Empowerment und ein Stärkungsprogramm für alle Organisationen und die Demokratie. Da ich seit vielen Jahren in der Schweiz lebe, sehe ich vor allem den Aspekt der »Schulung« der Basis als einen »Gamechanger« für die Weiterentwicklung unserer westlichen Demokratien.

Ein Gamechanger kann Subsidiarität auch immer wieder in unseren Unternehmen sein. Dort spricht man zwar meist von Dezentralität, aus meiner Sicht gilt aber das oben Gesagte in sehr ähnlicher Weise. Last but not least möchte ich dies auch unseren Kirchen nahelegen. Ich bin davon überzeugt, dass eine stärker gelebte Subsidiarität und Dezentralität unseren Kirchen helfen kann, sich aus ihren vielfältigen Krisen zu lösen.

Freiheit

Mein Verständnis von Freiheit hängt für mich als Unternehmerin sehr stark mit Gestaltungsfreiheit zusammen. Dazu verweise ich einerseits auf die obigen Gedanken zur intrinsischen Motivation und zur Gottesebenbildlichkeit von uns Menschen, die zunächst die Perspektive der individuellen Freiheit beleuchten. Andererseits hat Freiheit vor allem auch soziale Aspekte. Meine Freiheit hört eben dort auf – oder wird zumindest eingeschränkt –, wo die Freiheit des anderen beginnt. Es geht mir aber nicht zuerst darum, diese Linie zu beschreiben, auf der diese Einschränkung verläuft. Freiheit leben bedeutet ein dauerndes Aushandeln dieser Grenzen, und vor allem, wie ich beim Aushandeln vorgehe. Zu Freiheit gehört daher auch, das Miteinander dieses Aushandelns möglichst frei gestalten zu können im Sinne der oben beschriebenen Subsidiarität. Das gilt im Individuellen. Das gilt aber ebenso auf staatlicher Ebene, wo Rechtsstaatlichkeit die wesentlichste Voraussetzung für Freiheit ist.

In der Schulzeit war das Lied »Die Gedanken sind frei« ganz vorne in der Liste meiner Favoriten. Ich mag es immer noch sehr und möchte heute ergänzen »Die Gedanken sind frei und wollen im freien Miteinander umgesetzt werden« – dazu helfe die gleichermaßen befreiende wie verbindende schwungvolle Musik.

Man bräuchte ein ganzes Buch, um einen so großen und schillernden Begriff wie Freiheit adäquat zu würdigen. Aus eigenem Erleben – vor allem in den kommunistischen Ländern vor 1989 – kann ich sagen, dass ohne Freiheit, vor allem im Sinne von »ohne Rechtsstaatlichkeit«, alles nichts ist. »Zur Freiheit hat uns Christus befreit«, sagt Paulus den Galatern (Gal 5,1). Er spricht von »hat« und nicht davon, dass Christus das tun wird. Ich verstehe das so, dass wir damit – ein für alle Male – mit dieser Befreiung ausgestattet wurden und nun aus dieser Haltung heraus Freiheit Wirklichkeit werden lassen können und sollen.

Ökumene

Durch die Spaltungen und Streitereien zwischen den Konfessionen leidet nach meiner Wahrnehmung die Glaubwürdigkeit der Botschaft Jesu. Es ist schon grotesk, dass Martin Luthers Schrift über die Freiheit in ihrer lateinischen, ersten Version als Versöhnungsschrift mit Rom gedacht und konzipiert – und dennoch mit für diese Spaltung verantwortlich war. Wer würde oder könnte die Botschaft von Versöhnung und Liebe für echt halten, angesichts des interkonfessionellen Streits in der Vergangenheit und fortdauernden Trennung heute? Neben dem

Glaubwürdigkeits-Defizit durch den jahrzehntelangen, strukturell vertuschten Missbrauch – der in der öffentlichen Wahrnehmung breit angekommen ist – halte ich ein Vorankommen in der Ökumene für eine christliche Neuausrichtung für wesentlich. Es bewegen sich zwar an vielen Stellen selbst Verantwortliche – aber überaus langsam. Es scheinen immer noch enorme Ängste vor der Vielfalt der christlichen Zugänge zu bestehen – anders ist das Schnecken-Tempo kaum erklärbar.

Mein oben vorgetragenes Lob der Vielfalt könnte auch bedeuten, dass wir durch Verschiedenheit Bereicherung erfahren. Es könnte bedeuten, dass es – vor allem im Glaubensalltag – mehr um die Bereicherung geht und weniger um richtig oder falsch. Die vier Jahrzehnte, die ich überblicke, sind geprägt von einer »Auflösung« des konfessionellen Bezuges. Das kann als Verlust oder aber auch als Chance begriffen werden. Interessanterweise spricht der emeritierte Kardinal Walter Kasper, der viele Jahre den päpstlichen Rat zur Förderung der Einheit der Christen geleitet hat, in seiner 2016 zum Reformationsjubiläum erschienen Schrift »Martin Luther« von unserer heutigen Zeit als einer »Post-Konfessionellen«. Durch die Reformation sei der Umstand entstanden, dass es verschiedene Ausprägungen des Christentums im gleichen Territorium gibt. Und heute seien diese verschiedenen christlichen Ausprägungen für Viele nicht mehr oder kaum wahrnehmbar, nachvollziehbar, etc. Nutzen wir doch die Chancen dieses Umstands. Entdecken wir im Heute unser Christentum neu. Gepaart mit Sprechfähigkeit könnten neue, vor allem belebende Glaubens-, Gemeinschafts- und Gotteserfahrungen möglich werden.

Kind des Konzils
Annette Schavan

»Christ ist erstanden« – mit weit ausgebreiteten Armen begann Heinz-Werner Ketzer, der Pastor in der Pfarrei meiner Jugend in Neuss, die Predigt zu Ostern. Er war ein begnadeter Prediger. Auch nach über 50 Jahren erinnere ich mich an die Wortgewalt und Ausstrahlung dieses Priesters, der später Dompropst in Köln wurde, der 1981 in Aachen den Orden wider den tierischen Ernst bekam und damals ein Beispiel für einen typischen Vertreter des rheinischen Katholizismus gewesen ist. Er kam 1961 in die Gemeinde Hl. Dreikönige. Zur gleichen Zeit zogen wir in das Dreikönigenviertel in Neuss. Meine religiös prägenden Jahre waren von ihm und dem jungen Kaplan Norbert Feldhoff, späterer Generalvikar und auch Dompropst, beeinflusst. Sie sprachen vom Christentum so, dass ich es zunehmend für mein Leben relevant fand. Ihre Art, mit uns Jugendlichen umzugehen, ergänzte die Erfahrungen in meinem Elternhaus. Meine Eltern erzogen uns drei Kinder nicht streng religiös. Gleichwohl lebten wir mit dem Kirchenjahr, dem Tischgebet, dem sonntäglichen Kirchgang und der jährlichen Wallfahrt zum Hl. Kornelius. So war es auch nicht verwunderlich, dass ich nach der Osterpredigt des Pastors davon überzeugt war, dass die Osterbotschaft eine große Sache ist und für die Perspektive des eigenen Lebens bedeutsam.

Am Weißen Sonntag des Jahres 1965 war meine Erstkommunion. Annähernd 70 Kommunionkinder zogen in einer festlichen Prozession in die Kirche ein. Kindgerecht war für die Gestaltung der Liturgie kein Kriterium. Es sollte festlich sein und auf uns Eindruck machen. Das tat es bei mir auch. Wenngleich wir das Wort Transsubstantiation natürlich noch nicht kannten, so hatten uns Pastor und Kaplan erklärt, dass Jesus in der Hostie wirklich bei uns sei. Ich nahm das so ernst, dass ich alles tat, um die Hostie, die mir auf die Zunge gelegt wurde, nicht zu beschädigen. Ich hoffte, sie löse sich irgendwann auf, so dass ich sie hinunterschlucken könnte. Alles andere hätte ja bedeutet, so war ich überzeugt, auf den Herrn Jesus zu beißen.

Es dauerte, von meinem Gefühl her, eine Ewigkeit, bis die Hostie schluckreif war. Am Ende hatte das Festhochamt alle Kinder und ihre Verwandten in eine festliche Stimmung gebracht. Gefeiert wurde damals zuhause. Alle trugen dazu bei, Kuchen zu backen. Festessen der Familien in den 1950er und 1960er Jahren sind oft genug beschrieben worden. Genau so war es auch bei uns. Da ich schon als Kind gern gegessen habe, so fand ich den Tag rundum gelungen – liturgisch und kulinarisch.

1965 war für die katholische Kirche ein bedeutsames Jahr. Papst Paul VI. reiste im Oktober zu einer Vollversammlung der Vereinten Nationen nach New York. Das war in der Schlussphase des Zweiten Vatikanischen Konzils. Seine Rede enthielt die eindringliche Botschaft, J. F. Kennedy zitierend: »Die Menschheit muss dem Krieg ein Ende setzen, sonst setzt der Krieg der Menschheit ein Ende.« Seither haben Päpste vor nationalen Parlamenten, vor dem Parlament der Europäischen Union und auch wiederholt vor der Vollversammlung der Vereinten Nationen gesprochen. Die Friedensbotschaft war und ist dabei zentral. Mit der Rede des Papstes in New York in den letzten Monaten des Konzils, das am 8. Dezember 1965 beendet wurde, präsentierte sich die katholische Kirche als Weltkirche. Das Konzil hatte den Sinn dafür geschärft, dass es Zeit war, sich als Kirche mit der globalen Präsenz zu identifizieren. Die Zeit seit dem 11. Oktober 1962, dem Beginn des Konzils, war mit dem Bemühen verbunden, die Dynamik der Welt besser zu verstehen, neue Verbindungen zwischen dem Evangelium und den Lebenswelten der

Menschen zu schaffen und die »Zeichen der Zeit« als Aufgabe, nicht vor allem als einen bedrohlichen Zeitgeist zu erkennen.[1]

Wäre dieses Konzil auch nach seinem Abschluss den neuen Formen des Erkennens treu geblieben, hätte die Geschichte der Rezeption des Konzils von Beginn an konsequent den Konsens über neue Wege sichtbar werden lassen, dann stünde die Weltkirche heute anders da. Sie hat das neue kirchliche Selbstverständnis »als pilgerndes Volk unterwegs« formuliert. Sie ist dem eigenen Anspruch untreu geworden und stecken geblieben in den Auseinandersetzungen über die Deutungen der Botschaften des Konzils.

Wer im rheinischen Katholizismus um die Zeit des Konzils herum aufgewachsen ist, erlebte zunächst eine umfassende Aufbruchstimmung – in den Gemeinden, Orden und Verbänden, in der Theologie. Das war auch in unserer Gemeinde spürbar. Es durfte experimentiert werden. Familienkreise wurden gegründet, die sich regelmäßig trafen, gemeinsam Bibeltexte oder neue theologische Bücher lasen. Neue Gottesdienstformen, vor allem Jugendgottesdienste, wurden entwickelt. Wir Jugendliche waren begeistert dabei. Kirchen wurden neu gebaut, weil die bisherigen Gemeinden zu groß wurden. In dieser Stimmung war ich auch noch, als ich mich entschieden habe, katholische Theologie zu studieren, außerdem Philosophie und Erziehungswissenschaften. Was so selbstverständlich daherkam, das wollte ich näher kennenlernen. Ich hatte die vorkonziliare Kirche nie bewusst erlebt.

Theologische Studien, so war mein Anliegen, sollten mir Einblick in die intellektuellen Hintergründe geben. Lässt sich intellektuell verantworten, worum ich mich glaubend bemühe? Ich kam mitten in die Aufbruchstimmung der Theologie. Der für mich wichtigste Lehrer war der Moraltheologe Franz Böckle, ein Priester aus der Schweiz, der mit vielen anderen in seiner Generation neue Wege einer christlichen Ethik erarbeitete, die einem verantworteten Leben aus der Botschaft des Evan-

---

[1] Zur Reise von Papst Paul VI. zur Vollversammlung der Vereinten Nationen und nachfolgende Reden der Päpste verweise ich auf das von mir herausgegebene Buch mit dem Titel: Päpste vor Parlamenten. In Verantwortung vor Gott und den Menschen. Freiburg, Basel, Wien 2016.

geliums heraus Orientierung geben können. Im Mittelpunkt stand für diese Generation und auch für uns junge, theologische interessierte Erwachsene die Beziehung von Freiheit und Autonomie mit den Bindungen, die aus dem Evangelium erwachsen.

Schon zehn Jahre nach dem Ende des Konzils wurden auch in der akademischen Theologie die Auseinandersetzungen härter, die der Kirche viel Schwung genommen haben. Ein Meisterschüler von Franz Böckle, Karl Wilhelm Merks, ging schließlich nach Tilburg (Niederlande), weil er kein »Nihil obstat« für die Nachfolge von Böckle in Bonn bekam. So ging es auch anderen, die sich in der Theologie auf neue Wege gemacht hatten und die Dokumente des Konzils ernst nahmen. Niemand wollte eine Revolution, auch keine andere Kirche, aber ein anderes Kirche-Sein. Die Zeit kann aus heutiger Perspektive als ein Kairos bezeichnet werden. Er blieb ungenutzt.

Erst in den letzten Jahren hat die theologische Aufarbeitung der unterschiedlichen Rezeptionen des Konzils auf den verschiedenen Kontinenten begonnen. Zu den Versäumnissen der Jahrzehnte nach dem Zweiten Vatikanischen Konzil gehört der mangelnde Dialog innerhalb der Weltkirche. Die Teilkirchen hätten neugieriger aufeinander sein müssen. Es wäre wichtig gewesen, eine Kompetenz auszubilden, die die so unterschiedlichen kulturellen Prägungen und damit verbundenen Entwicklungen auf den fünf Kontinenten lesen kann.

Jetzt ist wieder so eine Zeit des Kairos im Blick auf den Synodalen Weg in Deutschland und weltweit. Ob der Kairos diesmal ergriffen werden wird? Ich wage keine Prognose. Ich bin allerdings sicher, dass das nur möglich sein wird, wenn ein intensiver Gesprächsprozess innerhalb der Weltkirche stattfindet. Dafür gibt es ein begrenztes Zeitfenster, bevor im Herbst 2023 eine Weltsynode in Rom stattfinden wird, bei der es auch um Versöhnung und neues Vertrauen in der Kirche geht.[2]

---

2 Ich verweise auf zwei meiner Bücher aus den letzten Jahren, in denen ich mich mit den Zukunftsfragen der Kirche beschäftige. Es ist das Buch mit dem Titel: Gott, der erneuert. Erfahrungen von Hoffnung und Freiheit. (2018) sowie: geistesgegenwärtig sein. Der Anspruch des Christentums (2021).

Warum sind Gespräche zwischen den Teilkirchen wichtig? Ich will es am Beispiel der katholischen Kirche in Deutschland erklären. Sie verweist zu Recht auf eine starke Tradition der wissenschaftlichen Theologie, die internationale Ausstrahlung gehabt hat und bis heute zahlreiche internationale Kontakte pflegt. Sie ist deshalb – wie der Synodale Weg aktuell zeigt – auch davon überzeugt, dass profunde Vorbereitungen auf eine Weltsynode von der wissenschaftlichen Theologie geleistet werden können. So sind in den vergangenen zwei Jahren zahlreiche Arbeitspapiere entwickelt worden, die eine Grundlage der Beratungen sind. Das ist unsere Weise in Deutschland, Debatten vorzubereiten und zu Ergebnissen zu kommen. Es gibt aber weltweit auch ganz andere Wege. Vielleicht gibt es mehr Schnittmengen als gedacht, sicher aber auch große Differenzen.

Gewiss geht es im Vorfeld auch um Machtfragen, für die Sachfragen in Anspruch genommen werden. Immer wird dann der Vorwurf erhoben, wenn diese oder jene Veränderung komme, dann bedeute das eine Spaltung der Kirche. Synoden und synodale Wege sind hochpolitisch. Sie lassen sich mit noch so guter Theologie allein nicht bewältigen. Deshalb braucht es eine Gesprächskultur in der Weltkirche, die ihrer Internationalität Rechnung trägt.

Bevor ich in die Politik ging, begann mein Berufsweg im Cusanuswerk, der Bischöflichen Studienförderung. Ich war gerade 25 Jahre alt und wurde Assistentin des Leiters, dann Referentin in verschiedenen Referaten, schließlich Geschäftsführerin und nach einigen Berufsjahren anderswo von 1991 bis 1995 hauptamtliche Leiterin des Cusanuswerkes. Der Berufseinstieg im Cusanuswerk war für mich ein Glücksfall. Engagierte und begabte Studentinnen und Studenten, Künstlerinnen und Künstler zu begleiten ist so inspirierend wie weniges, das ich später beruflich und öffentlich erlebt habe. Wir hatten Gestaltungsmöglichkeiten und viel Freiraum, intellektuell, kulturell und spirituell. Ich erlebte Kirche von ihrer besten Seite – interessiert an den Talenten junger Menschen, an ihrer Bereitschaft zum Engagement im Gemeinwesen und mit dem Respekt vor ihren Ideen und Plänen.

Im Cusanuswerk gab es eine von Vertrauen geprägte Atmosphäre. Leichte Irritationen löste meine Bewerbung um die Leitung aus. Es gab das klassisch kirchliche Leitungsmodell: nebenamtlicher Geistlicher Leiter und hauptamtlicher Geschäftsführer oder in meinem Fall eben Geschäftsführerin. Das gibt es bis heute in manchen kirchlichen Einrichtungen. Unabhängig von den Personen ist es kein taugliches Modell, weil es letztlich eine unklare Führungsstruktur ist, die auch keine gute Führungskultur ermöglicht. Deshalb warb ich für eine hauptamtliche Leitung und bewarb mich gleich selbst auf die Stelle. Damals war ich 35 Jahre alt. Es war also ein Wagnis und in kirchlichen Kreisen ungewohnt. 17 Monate wurde beraten. Dann entschied die Bischofskonferenz, mich zur Leiterin der Bischöflichen Studienförderung zu berufen. Das war ein Ansporn für mich, gemeinsam mit den Gremien und den Kolleginnen und Kollegen das Cusanuswerk weiterzuentwickeln. Es war auch ein bedeutsamer Schritt – vor über 30 Jahren –, einer jungen Frau eine Leitungsaufgabe anzuvertrauen. Obgleich bei meinem Abschied 1995 alle sagten, dass es eine sehr gute Zeit gewesen sei, wurde mein Weggang in die Politik genutzt, auf das alte Leitungsmodell zurückzugreifen. Es taugt heute noch weniger als vor 30 Jahren. Es gehört zu den Ambivalenzen in der Kirche, dass gute wie schlechte Erfahrungen nicht zu dauerhaften Veränderungen führen. Das fällt dann im Laufe der Jahrzehnte immer mehr auf und mündet in ein Ausmaß an Unprofessionalität, wie sie nun offenkundig geworden und ein Grund für umfassenden Vertrauensverlust ist.

1995 ging ich nach Baden-Württemberg in die Politik. Immer galt ich als eine Katholikin in der Politik, mal hieß es »tiefgläubig«, mal »Linkskatholikin«, je nach Saison, Themen und auch Konflikten, die im öffentlichen Leben ausgefochten wurden. Ich lernte das anscheinend unbegrenzte Selbstbewusstsein von Bischöfen wie dem Erzbischof von Fulda, Johannes Dyba, kennen, der mich bei einem Katholikentag in Dresden gegenüber Journalisten »die gefährlichste Frau im Deutschen Katholizismus« nannte. Ein Papier über »Dialog statt Dialogverweigerung«, das ich im ZdK mit verantwortete, hatte ihn schon bei einer gemeinsamen Veranstaltung zur Weißglut gebracht. Das Papier stammt aus dem Jahr 1991. Die dortigen Analysen wurden von der Realität überholt. Es ist alles noch dramatischer, als wir die Lage damals beschrieben haben. Hören wollten es die meisten Bischöfe nicht. Dem langjährigen Vorsitzenden der Deutschen Bischofskonferenz, Karl Kardinal Lehmann, war das Ausmaß an Vertrauens- und Relevanzverlust der Kirche früh bewusst. Er stand in harten Auseinandersetzungen mit Mitbrüdern und mit manchen in Rom, die ehemals seine Kollegen waren und skeptisch auf die katholische Kirche in Deutschland schauten.

Meine Zeit in der Politik, zu der 18 Jahre als Landes- und Bundesministerin sowie 14 Jahre als eine stellvertretende Vorsitzende der CDU Deutschlands gehören, war in meiner Beziehung zur katholischen Kirche ambivalent. Es gab erbitterte Auseinandersetzungen, zum Beispiel beim Thema Stammzellforschung. Damals zerbrach die Ökumene in wichtigen ethischen Fragen. Das hat sich bis heute nicht geändert. Ich erlebte – jedenfalls in den öffentlichen Debatten – eine in moralischen Fragen selbstsichere katholische Kirche, die keinen Zweifel an der Richtigkeit ihrer Positionen aufkommen lassen wollte.

Mit dem Jahr 2010 beginnt eine neue Phase in der öffentlichen Wahrnehmung der Kirche. Nun saß ich als Mitglied der Bundesregierung am Runden Tisch zur sexualisierten Gewalt. Seither ist eine Dekade vergangen.

Der Fall der moralisch in allen Fragen überlegenen Institution in eine, die sich selbst kaum wieder erkennt, ist unübersehbar. Damit wird auch nahezu unsichtbar, wie segensreich Menschen in den christlichen Kirchen – Laien und Kleriker –wirken. Die Politik verhält sich nach wie vor freundlich. Sie weiß um die Bedeutung des Christentums und des kirchlichen Wirkens in vielen Bereichen der Gesellschaft. Sie weiß aber auch, dass die Relevanz dessen, was in der katholischen Kirche offiziell gedacht wird, stark nachgelassen hat.

Manche sagen, 2014 habe sich mit der Berufung zur Botschafterin Deutschlands beim Heiligen Stuhl ein Kreis in meinem Leben geschlossen. Ich will nicht den Eindruck erwecken, das sei das Ergebnis einer eigenen Planung gewesen. Ich war 2013 als Bundesministerin für Bildung und Forschung zurückgetreten. Der Grund ist, hart und kurz gesagt, der Vorwurf, meine Dissertation aus dem Jahr 1980 sei das Ergebnis eines Betruges gewesen. Es war eine Arbeit über Gewissenserziehung. Viele widersprachen dem Vorwurf. Das half aber nicht. Ich widersprach in einer langen Stellungnahme auch. Das half auch nichts. Also trat ich zurück. Mit dieser Erfahrung kam ich im Sommer 2014 nach Rom und übergab am 8. September Papst Franziskus mein Beglaubigungsschreiben.

In den folgenden vier Jahren lernte ich die Weltkirche kennen, in ihrer Internationalität, als politisch wirksame Kraft, die lange Erfahrungen mit Prozessen der Inkulturation hat, die stur sein kann und dann auch wieder überraschend nah am Menschen. Das Pontifikat von Papst Franziskus war und ist für mich ein Glücksfall für die Kirche – auch so ein Kairos, von dem ich nicht weiß, ob sie ihn ergreifen wird.

Als Frau in der Kirche habe ich viel erlebt: Heimat bis heute und erbitterte Auseinandersetzungen in den Jahren meines politischen Lebens. Einen glücklichen Berufseinstieg und Begegnungen, die das erahnen lassen, was der tschechische Soziologe und Priester Tomáš Halík »Katholizität« nennt. Das ist eine gedankliche und spirituelle Weite, die ich nie anderswo erlebt habe. Das ist ein Verständnis von Gott und der Welt, die Menschen eine neue Perspektive für ihr Leben ermöglicht.

Das ist Internationalität jenseits all der neuen Nationalismen und Egoismen, die gerade zu beobachten sind. Das ist Versöhnung in einer unversöhnlichen Welt. Davon kann, so Halík, der »Nachmittag des Christentums« erfüllt sein. Dazu kann ich mir heute in Erinnerung rufen, wie der Glaube mein Leben verändert hat, was er mir in den Jahrzehnten meines Lebens bedeutet und wie er mein Entscheiden und Handeln beeinflusst hat. Davon geht die Erneuerung aus – sagen die einen. Dazu muss die Unprofessionalität überwunden werden, die der Kirche als Institution zu eigen ist – sagen die anderen. Mich um einen Weg als glaubender Mensch zu bemühen, das gehört zu den Prägungen meines Lebens. Das hat meinem Leben eine Perspektive gegeben. Das hat meinen Blick auf die Welt, die Zeit und den Menschen beeinflusst, mich respektvoll und freiheitsliebend sein lassen. Damit Menschen vergleichbare Erfahrungen auch in Zukunft machen können, muss ein anderes Kirche-Sein möglich werden. Neues wird die Voraussetzung dafür sein, dass die Tradition nicht vollends abbricht.

Katholisch auf Zeit
Claudia Danzer

Katholisch und frei – geht das überhaupt? Dass ich katholisch bin, habe ich mir nicht ausgesucht. Eine freie Entscheidung war das nicht. Ich bin mit der Selbstverständlichkeit aufgewachsen, dass das Katholisch-Sein und die aktive Teilnahme am kirchlichen Gemeindeleben zum Familienleben dazugehören, und habe schon früh Gemeinde als Ort eines intergenerationellen Zusammentreffens schätzen gelernt. Neben Schule, Sportverein und sonstigem Engagement sah ich es als Gewinn, in der Kirche einen Platz zu haben, an dem ich – so nahm ich es als Kind wahr – angenommen war, wie ich war, und an dem ich mich zudem selbst aktiv einbringen konnte. Schon als Erstkommunionkind war mir klar, dass ich Ministrantin werden wollte. Schließlich war im Gottesdienst der einzige Ort, an dem junge Menschen sichtbar waren, der Platz um den Altar. Spätestens als Firmandin war es dann meine freie Entscheidung, mich noch einmal zu diesem Glauben in meiner Konfession zu bekennen. Eher halbwegs frei – denn ich musste mich zu meiner eigenen Konfessionszugehörigkeit nur verhalten, weil ich in einem konfessionellen Zusammenhang aufgewachsen war. Die Entscheidung, diesen Glaubensweg weiterzugehen, war jedoch insofern bewusst, als dass mir Alternativen natürlich bekannt waren: Ein großer Teil meiner Klasse ging zur Konfirmation, der andere hatte schon längst den Religionsunterricht verlassen und das immer beliebter werdende Fach Ethik gewählt. Zur Firmung zu gehen oder Teil einer Ministrant*innengemeinschaft zu sein hatte jedenfalls alles andere als ein cooles Image. Als Parallelwelt nahm ich die kirchliche Realität damals weniger wahr als heute. Die strukturellen Probleme der katholischen Kirche sah ich als vergänglich an. Ich glaubte daran, dass die Öffnung der Weiheämter unabhängig von der Geschlechtszugehörigkeit schon irgendwann kommen würde, die römisch-katholische Kirche nur etwas langsam war, und auch die Aufhebung des Pflichtzölibats nur eine Frage der Zeit sein konnte. Ich erlebte die katholische Jugendarbeit als Ort, der jungen Menschen etwas zutraute, sie zur Übernahme von Verantwortung ermutigte, Stärken förderte und sich durch einen großen Gemeinschaftssinn und Zusammenhalt auszeichnete. Dabei auch Teil einer Weltkirche zu sein, hatte für mich zur Folge, dass ich global denken lernte und daran glaube, dass das eigene Handeln und das Streben nach Gerechtigkeit auch in globalen Zusammenhängen wirkmächtig sein können. Für mich ist die kirchliche Jugendarbeit bis heute ein Ort, der mündige Christ*innen hervorbringt, die es gewohnt sind, über sich und ihre Umwelt zu reflektieren. Innerhalb des klerikalen Kirchensystems stoßen sie dann mit ihren Idealen oft an Grenzen. Dabei braucht eine offene, religiös wie weltanschaulich plurale Gesellschaft, die sich für Selbstbestimmungsrechte einsetzt, gerade solche Orte wie die kirchliche Jugendarbeit. Im Sinne des Böckenförde-Diktums basiert der Rechtsstaat auf Prinzipien, die er selbst nicht garantieren kann: nämlich auf Menschen, die politisch sein wollen und gern Verantwortung übernehmen. Ein Raum, in dem diese Fähigkeiten gestärkt, geschult und gefördert werden, ist für eine lebendige Gesellschaft, die sich der großen Herausforderungen der Zeit wie Flucht und Migration, Klimakrise, Rassismus und Geschlechterungerechtigkeit annimmt, von großer Bedeutung.

Die erste Erschütterung: das Jahr 2010

Eine erste Erschütterung und das Infrage-Stellen meiner konfessionellen Zugehörigkeit erlebte ich durch das Bekanntwerden des Ausmaßes von sexualisierter Gewalt an Minderjährigen in der römisch-katholischen Kirche im Jahr 2010. Ich war zu diesem Zeitpunkt aktive Gruppenleiterin in der Gemeinschaft der Ministrant*innen meiner Heimatpfarrei, und als Leiterrunde machten wir daraufhin eine Schulung gegen sexualisierte Gewalt. Über systemische Ursachen des Missbrauchs und der Vertuschung sprach damals jedoch niemand. Dass ich mich in dieser Zeit – im Jahr 2011 – trotz der kirchlichen Situation für ein katholisches Theologiestudium entschied, hatte vor allem damit zu tun, dass ich im Religionsunterricht das sogenannte »Theologen-Memorandum« gelesen hatte, das von reformwilligen Theolog*innen geschrieben worden war, die sich für die überfälligen kirchlichen Reformen aussprachen. Für mich bedeutete das: Ich kann katholische Theologie studieren, dort bin ich mit meiner Hoffnung auf kirchliche Reformen nicht allein. An kein anderes Thema als den Bereich Religion hatte ich so viele (An-)Fragen. Das Fach Theologie bot mir die Möglichkeit, durch die Breite des Fachs auch eine Breite an Zugängen zu erfahren: Gerade die Schnittstellen von Religion und Philosophie, Politik, Geschichte und Recht interessierten mich. Und so begann ich ein Studium der katholischen Theologie, das mich persönlich sehr bereicherte.

Christentum im Plural denken

Schnell lernte ich, dass Theologie selbst plural ist und es einen Unterschied zwischen akademischen Theologien und kirchlicher Lehre geben kann. In der Mitte des Studiums hatte ich die Chance, ein Studienjahr in Jerusalem einzulegen, wo ich den Pluralismus von Religionen und ihren Konfessionen noch einmal auf besondere Weise erlebt habe. In einer Gruppe von evangelischen und katholischen Theologiestudierenden lebte ich in einem Studienhaus bei der Benediktiner-Abtei Dormitio auf dem Zion. Die Klagemauer, der Felsendom und die al-Aqsa-Moschee befanden sich nun in meiner unmittelbaren Nachbarschaft. Den Schatz der großen Fülle an unterschiedlichen christlichen Konfessionen, die alle Vertretungen in Jerusalem hatten, lernte ich unter anderem durch den Besuch orthodoxer Kirchen und Gottesdienste kennen: die Teilnahme an einem äthiopisch-orthodoxen Gottesdienst mit vielen Migrant*innen aus Äthiopien und Eritrea, das Mitfeiern des griechisch-orthodoxen Tauffestes am Jordan, das Hören des Vaterunsers auf Aramäisch, gebetet von einem Bischof der syrisch-orthodoxen Kirche.

Jerusalem als Ort, der den drei monotheistischen Weltreligionen heilig ist, hat mir noch einmal vor Augen geführt, wie klein meine eigene Perspektive ist und wie wichtig es für ein friedvolles Miteinander ist, Pluralismus in religiösen Fragen anzuerkennen. Im Plural zu denken ist eine Aufgabe, die auch die Kirche für die Zukunft lernen muss um gesellschaftsfähig zu bleiben. Dazu braucht es die Anerkennung des faktischen Pluralismus auch innerhalb des Katholizismus und keine Verhinderung von Reformen durch das Scheinargument der Weltkirche. Für mich persönlich bedeutet der christliche Pluralismus, Alternativen zu haben und damit Freiheit.

Eine Kirche der Angst

Während meines Theologiestudiums erlebte ich jedoch auch Gleichaltrige, die gegen die Öffnung des Priesteramts für alle waren, und musste einsehen, dass meine Positionen innerhalb des Theologiestudiums gar nicht so selbstverständlich waren, wie ich angenommen hatte. Ich erfuhr, dass Professor*innen der katholischen Theologie Angst vor dem Entzug ihrer Lehrerlaubnis hatten, wenn sie über die Tabuthemen »Frauenordination« und sexuelle Vielfalt sprachen. Die Vergabe der Lehrerlaubnis durch das römische Lehramt – das »Nihil obstat« – verhindert bis heute freie theologische Forschung. Dabei wird es lehramtlicher Theologie leicht gemacht: Die Selbstzensur vieler Theolog*innen nimmt dem undurchsichtigen römisch-katholischen Machtapparat bei der Vergabe der Lehrerlaubnis die Arbeit ab. Denn wenn sich Theolog*innen selbst zensieren, muss das Lehramt gar nicht erst tätig werden. Es funktioniert aber natürlich nur, weil vielen bekannt ist, dass das römische Lehramt in einigen Fällen genau das getan hat: nämlich Theolog*innen wegen reformorientierter Äußerungen die Lehrerlaubnis zu entziehen. Der letzte in Deutschland öffentlich gewordene Fall ist gar nicht lange her: Ansgar Wucherpfennig, Professor für Exegese an der Philosophisch-Theologischen Hochschule Sankt Georgen in Frankfurt, erhielt im Jahr 2018 erst keine »Unbedenklichkeitserklärung« von der Bildungskongregation des Vatikans, weil er sich für die Segnung von gleichgeschlechtlichen Paaren und den »Frauendiakonat« einsetzte.

Heute werden diese Themen offen auf dem Synodalen Weg diskutiert. Trotzdem ist es noch nicht vorbei mit der Kultur der Angst, die in der römisch-katholischen Kirche herrscht. Mit der Kampagne #OutIn-Church haben queere Katholik*innen mit dem Slogan »Für eine Kirche ohne Angst« auf ihre Situation aufmerksam gemacht: Das queere Leben in einer Parallelwelt; in einem Staat, der sich unter anderem durch den Beschluss der Ehe für alle immer mehr zu sexueller und geschlechtlicher Vielfalt bekennt, und in einer Kirche, die queere Menschen aufgrund ihrer geschlechtlichen Identität und/oder sexuellen Orientierung diskriminiert.

Das Brechen von kirchlichen Tabus

Die klerikale Macht begann in dem Moment einzustürzen, in dem mit der Veröffentlichung der Missbrauchsstudie der Universitäten Mannheim, Heidelberg und Gießen zur Situation in der katholischen Kirche (MHG-Studie) 2018 das Ausmaß und die systemischen Faktoren der sexualisierten Gewalt an Minderjährigen und ihrer Vertuschung in der römisch-katholischen Kirche in Deutschland öffentlich wurden. Die Gutachten der Bistümer, die aktuell sukzessive veröffentlicht werden, bestätigen, was die MHG-Studie benannt hat: Das hierarchische katholische Kirchensystem wirkt missbrauchsbegünstigend, indem es unter anderem Macht zentralisiert und Sexualität tabuisiert. Seit 2018 sind nun einige der katholischen Tabus gebrochen worden: Die Frauenbewegung Maria 2.0 hat mit ihrem Engagement dazu beigetragen, dass das Redeverbot von Papst Johannes Paul II. aus dem Jahr 1994 über die Weihe von Frauen zu Priesterinnen nun endgültig den Geschichtsbüchern angehört. Betroffene von sexualisierter Gewalt in der römisch-katholischen Kirche brechen vermehrt das Schweigen, und so wird sichtbar, dass beispielsweise auch erwachsene Frauen von sexualisierter Gewalt im Raum der Kirche betroffen sind. Machtmissbrauch und Klerikalismus werden in der katholischen Öffentlichkeit immer offener thematisiert. Der Synodale Weg ist für den Katholizismus in Deutschland eine Lehrstunde in Sachen Demokratisierungsprozess. Die bereits angesprochene Kampagne #OutInChurch hat dazu geführt, dass nun

zum Beispiel ein offen schwuler Priester der Stolz einer Schwarzwald-
gemeinde und ein Trans-Mann katholischer Religionslehrer sein kann.
Auch innerhalb des Katholizismus bildet sich ein Bewusstsein dafür,
dass es mehr gibt als die binäre Geschlechtervorstellung von Frau und
Mann. Der katholische Machtapparat, der auf Angst und Gehorsam basiert, ist immer mehr am Bröckeln.

Trotz dieser Neuerungen ist für mich verhältnismäßig wenig Aufbruchstimmung im Katholizismus spürbar, sondern vielmehr ein Gefühl des Abbruchs. Von der kirchlichen Lebendigkeit, die ich in meinen
Jugendjahren gesehen und erlebt habe, erfahre ich heute nur noch wenig. Zum Erschöpfungssyndrom der krisengebeutelten Gesellschaft ge-
sellen sich in der Kirche eine hohe Frusterfahrung und eine Sorge hinzu, ob sich bei allem arbeitsintensiven Reformbestreben das römisch-
katholische Kirchensystem nicht als unreformierbar erweisen wird.

Missbrauchsbegünstigende kirchliche Strukturen

Die MHG-Studie und die Gutachten der Bistümer haben die Tiefen-
dimension der missbrauchsbegünstigenden Faktoren analysiert. Täter*innen wurden besser geschützt als Betroffene. Die Fragen, die seit
der Veröffentlichung der Studien und Gutachten aufbrechen, sind u. a.:
Wenn in Deutschland in jedem Bistum sexualisierte Gewalt an Minderjährigen durch Kleriker ausgeübt wurde und diese darüber hinaus vertuscht wurde, was bedeutet das dann für die römisch-katholische Kirche in globaler Perspektive – neben den bereits bekannten Erhebungen
in den USA, Irland und Frankreich? Andere Themen in diesem Zusammenhang stehen in ihrer Bearbeitung noch ganz am Anfang. Die ehemalige Ordensfrau und Theologin Doris Reisinger hat nicht nur die
Sichtbarkeit des Betroffenenkreises von sexualisierter Gewalt im kirchlichen Raum um die Gruppe von erwachsenen Frauen erweitert, sondern auch das Themenfeld des spirituellen Machtmissbrauchs ins öffentliche Bewusstsein gebracht. Spirituellen Machtmissbrauch definiert
sie als Verhinderung von spiritueller Selbstbestimmung. Damit trifft sie
ins Mark dessen, was die römisch-katholische Kirche als religiöse Institution ausmacht.

Betroffen von spirituellem Machtmissbrauch sind beispielsweise alle Menschen, die wegen ihrer geschlechtlichen Identität ihrem Wunsch, ihre Spiritualität im Priester*innenamt zu leben, nicht nachgehen können. Diese Form spiritueller Selbstbestimmung wird ihnen durch die Institution der römisch-katholischen Kirche versagt. Die Ausgrenzung von einem Amt nur aufgrund des Geschlechts ist Diskriminierung. Das Priesteramt ist dazu noch das Nadelöhr, das zu Leitungspositionen in der römisch-katholischen Kirche führt. So werden Menschen allein aufgrund ihrer Geschlechtszugehörigkeit von Leitungspositionen und dem Weg als Priester*innen ausgeschlossen. Durch das Festhalten an einer binären Geschlechteranthropologie von Seiten des römisch-katholischen Lehramtes werden darüber hinaus Menschen diskriminiert, die inter- oder trans*-sexuell sind. Die fehlende volle Anerkennung sexueller und geschlechtlicher Vielfalt diskriminiert Menschen, die sich der LGBTQIA*-Community zugehörig fühlen. In Kürze: Kirchliche Strukturen diskriminieren Menschen aufgrund ihres Geschlechts und/oder ihrer sexuellen Orientierung und begünstigen darüber hinaus sexualisierte Gewalt.

Das steht im eklatanten Widerspruch zu dem, was innerhalb der Kirchenmauern gepredigt wird: Die Rede von Gott*, dessen*deren unbedingte Liebe und Gerechtigkeit allen zuteilwird, die ihm*ihr folgen. Dieses Gottesbild, das von Gott* als Befreier*in an der Seite der Diskriminierten erzählt, muss sich auch in kirchlichen Strukturen widerspiegeln, wenn Kirche glaubhaft von diesem Gott* erzählen will. Zurzeit scheinen die Worte über die Liebe Gottes* in diskriminierenden kirchlichen Strukturen, die Menschen Leid zufügen, nicht mehr zu sein als Floskeln. Das befreiende und ermutigende Potential der christlichen Erzählung von Gott* geht dabei unter.

Trotzdem katholisch bleiben?

Angesichts der geschilderten Situation kann ich nicht gern katholisch sein. Ich hadere mit meiner Konfessionszugehörigkeit. Schließlich muss ich mir die Frage stellen, ob ich als Teil der Institution nicht auch die missbrauchsbegünstigenden und diskriminierenden Strukturen stabilisiere. Nur wenn sich diese Kirche verändert, missbrauchsbegünstigende und diskriminierende Strukturen abbaut, hat für mich das Katholisch-Sein eine persönliche Zukunft. Nur solange ich noch die Möglichkeit von Veränderung sehe, kann ich katholisch bleiben – ich bin daher katholisch auf Zeit. Wenn ich an diese Chance auf Veränderung nicht mehr glauben kann, weiß ich, dass es noch andere christliche Konfessionen gibt, die die Erzählung von Gott* als Befreier*in wachhalten und die mir eine neue Heimat bieten können. Katholisch auf Zeit – das ist für mich ein Ausdruck des beständigen Ringens mit meiner eigenen Konfessionszugehörigkeit. Dieses Ringen ist nicht einfach, und es wird mir nicht einfach gemacht. Für den jetzigen Zeitpunkt habe ich mich entschieden, katholisch zu bleiben im Protest. Gemeinsam mit Luisa Bauer und Lisa Baumeister habe ich 2020 die Initiative »Mein Gott* diskriminiert nicht. Meine Kirche schon« gegründet, die die Erfahrung des Widerspruchs zwischen Gottesbild und kirchlicher Realität sichtbar machen will. Mit theologischem Profil treten wir auf Sozialen Medien und vor Ort für eine Kirche ein, die Vielfalt feiert und Autonomie bejaht. In der #DigitalenKirche haben wir auch einen Ort gefunden, den wir als frei, bunt und lebendig erfahren. Konfessionsgrenzen verschwimmen, Content und Communityarbeit stehen im Vordergrund. Die Vernetzung im digitalen Raum geschieht rasant, und so finden schnell diejenigen jungen Menschen zusammen, die aus ihrem Glauben heraus in ihren Kirchen für Veränderungen eintreten und mit ihren Themen wie Gendersensibilität, Antirassismus, Klimakrise und globale Gerechtigkeit eine Plattform und Austausch finden. Die #DigitaleKirche ist ein Ort, an dem gemeinsam und frei darüber nachgedacht wird, was es heißt, hier und heute Christ*in zu sein.

Vision einer zukunftsfähigen Kirche

Für mich hat die römisch-katholische Kirche dann Zukunft, wenn sie die historisch gewachsene Struktur einer absolutistischen Monarchie hinter sich lässt und lernt, demokratischer zu werden. Dabei geht es darum, Lai*innen nicht durch Scheinbeteiligung einzubinden, sondern durch wirkliche Mitbestimmung aller Gläubigen das Potential zu entfalten, das da ist. In dieser zukunftsfähigen Kirche sind Leitung und Weihe nicht mehr abhängig von Geschlecht, spirituelle Selbstbestimmung steht in ihrem Zentrum. Freiheit wird nicht eingeschränkt, sondern Freiheitsräume werden ermöglicht. Das Sakrament der Ehe schließt Menschen der LGBTQIA*-Community nicht mehr aus. Die binäre Geschlechteranthropologie ist verabschiedet und trans*- und intersexuelle Menschen werden voll anerkannt. Menschen werden nicht mehr in geschlechterstereotype Rollen gezwängt, sondern zur Freiheit ermutigt, auf die Suche zu gehen nach dem, der sie sind. Sexuelle und geschlechtliche Vielfalt haben in dieser Kirche einen sicheren Ort. Kirche hat gelernt, rassismuskritisch zu werden. Sie ist ein Ort des Nachdenkens geworden, dreht sich nicht mehr um sich selbst, sondern kann sich den Herausforderungen der Zeit wie Klimagerechtigkeit, Flucht und Migration, globale Gerechtigkeit und Geschlechtergerechtigkeit widmen.

Katholisch und frei – geht das?

Um zur Ausgangsüberlegung zurückzukommen: Katholisch und frei – geht das überhaupt? Für mich hat mein Katholisch-Sein die paradoxe Erfahrung erzeugt, dass ich auf der einen Seite schon immer mit der Diskriminierung aufgrund meines Geschlechts konfrontiert war. Weibliche Vorbilder wie Pfarrer*innen kannte ich lange nicht. Die Einschränkung meines eigenen beruflichen Werdegangs als katholische Theologin widerspricht dem, was ich an gesellschaftlichen Idealen von Gleichberechtigung in meiner Sozialisation als in den 1990er Jahren Geborene verinnerlicht habe. Auf der anderen Seite hat das Katholisch-Sein meine Auseinandersetzung mit Glaube, Gottesfrage und Weltverhältnis gefördert und mich so auch zu einem freieren Menschen gemacht. Ich habe in meinem Theologiestudium das Privileg genossen, meinen Blick auf die Welt zu schärfen, und gelernt, mich selbst immer wieder neu in ein Verhältnis zur mir selbst und der Welt zu setzen. Diese vertiefte Auseinandersetzung hat mir rückblickend zu einer größeren inneren Freiheit und Autonomie verholfen – ich habe immer die Freiheit, mich zu verhalten, auch zu meinem Katholisch-Sein. Momentan bin ich katholisch auf Zeit und sehe mich mit meinen Mitstreiter*innen in der Tradition aller Vorgänger*innen, die für eine gerechtere katholische Kirche gekämpft haben: für eine Vision einer Kirche, die das, was sie predigt, auch in ihren Strukturen umsetzt – die Liebe und Gerechtigkeit Gottes*.

Jesus kommt

Wir räumen auf,
kehren unter den Teppich,
stellen uns gerade hin
mit geschnittenen Haaren,
ziehen ein Kleid an,
auch die ehrlichen Jungs
sagen artig Danke und Bitte.
Jesus, der schaut.
So kennt der uns gar nicht.
Fragt, ob er sich in der Tür geirrt ...
Und ich sag:
Man wird doch
den einen Abend
noch höflich sein dürfen.

Nora Gomringer

In einer geteilten Welt
Katrin Budde

Da sitze ich nun auf der Terrasse, Blick ins Grüne, und überlege, was katholisch sein für mich heißt, was es mir in der Kindheit bedeutet hat, wann es mir erstmals bewusst geworden ist. Bin ich so, wie ich bin, weil ich katholisch bin, weil der Glaube ein Teil von mir ist? Welche Bedeutung hat mein Glaube heute (überhaupt) noch für mich? Denn anders als in meiner Kindheit gehört der sonntägliche Kirchgang nicht mehr zu den regelmäßigen Gepflogenheiten meines Lebens. Wann in meinem Leben hat mich mein Glaube nicht nur begleitet, sondern war besonders wichtig für mich? Hat er Entscheidungen in meinem Leben beeinflusst?

Das Schöne an Buchprojekten ist, dass man beginnen muss, sich Fragen zu stellen. Fragen zu Begebenheiten, die im Alltag untergehen, weil man sie als selbstverständlich nimmt.

Ich bin in Magdeburg geboren. Also in der DDR. Katholisch sein war für mich als Kind selbstverständlich. Es gehörte einfach zu uns, zu unserer Familie, zu vielen Freunden meiner Eltern. Ich ging in einen katholischen Kindergarten, sonntags mit meinen Eltern in die Kirche. Der Glaube und ihn zu leben gehörte zu uns wie Weihnachten und Ostern, Pfingsten, Fronleichnam, die Wallfahrten und Kolpinggedenktage. Bei uns kam Weihnachten das Christkind, und zu Fronleichnam gingen wir zur Prozession in den Herrenkrug. Meine Eltern waren Mitglied in der Kolpingfamilie, und einiges an Freizeit wurde auch dort gemeinsam verbracht.

Mit den Kindern in unserer Nachbarschaft redeten wir beim Spielen nicht über Kirche und Glauben. Es fiel mir zunächst gar nicht auf, dass wir doch ein wenig anders waren. Katholiken in der DDR waren nicht nur eine winzige Minderheit. Sie wurden von der SED-Führung in der Regel auch argwöhnisch beäugt.

Vermutlich kamen die ersten Fragen zu meiner Religionszugehörigkeit nach der Einschulung. Vielleicht anlässlich der Erstkommunion in der 2. Klasse, denn so ein Ereignis kannten die wenigsten meiner Klassenkameradinnen und Klassenkameraden. An Konfrontation, gar Auseinandersetzung kann ich mich jedoch nicht erinnern.

Der Religionsunterricht fand bei uns in der Gemeinde statt. Ich finde übrigens noch heute, dass dies viel besser war als der Unterricht an den Schulen, denn die Bindung an die Gemeinde hat sich in dieser Zeit entwickelt. In unserem Wohnblock wohnte noch eine katholische Familie. Mit dem gleichaltrigen Sohn ging ich einmal die Woche zum Religionsunterricht. Für mich gehörte es einfach dazu, wie an anderen Tagen andere Hobbys. Natürlich gab es in dieser Zeit auch Fragen aus unserem weiteren Umfeld. Sie betrafen jedoch vor allem die Fernsehsender, die wir zuhause einschalteten. Meine naive Antwort, dass ich immer zwei Sandmännchen-Sendungen schauen dürfe (es gab ja ein Sandmännchen im Ostfernsehen und ein Sandmännchen im Westfernsehen, die nacheinander kamen), führte dann schon zu kritischen Nachfragen bei meinen Eltern. Wegen des Westfernsehens.

Nach meinem Empfinden lebten wir in einer gemischten Welt. Zum 1. Mai gingen mein Vater und ich zu den Mai-Kundgebungen. Anwesenheit war Pflicht. Mir gefielen die Fähnchen und Blumen. Die Betriebe der Stadt stellten Abordnungen. Man absolvierte sein Programm, indem man an der Tribüne vorbeimarschierte. Ein politisches Statement war das für die allermeisten Menschen nicht, schon gar kein Bekenntnis zum SED-Staat. Hinterher durfte ich mit Papa zum Frühschoppen. Auch das war toll.

In der DDR gingen alle Kinder bis einschließlich der 8. Klasse auf eine gemeinsame Schule, die Polytechnische Oberschule. Erst nach der 9. Klasse trennte man sich. Wenn man eine Zusage bekam, durfte man an die Erweiterte Oberschule (EOS), um dort Abitur zu machen. Mich überzeugt auch diese Schulstruktur übrigens bis heute. Unsere Klasse blieb nach der Einschulung bis zu unserer Pubertät zusammen. Also bis in eine Zeit, in der man ein eigenes politisches Bewusstsein entwickelt.

Ein Einschnitt bedeutete für uns das Jahr 1978. Damals wurde Karol Wojtyła, ein Pole, an die Spitze der katholischen Kirche gewählt: Papst Johannes Paul II. Wahnsinn. Für uns war das weniger eine religiöse Entscheidung. Es wirkte viel mehr wie ein politisches Statement. Jemand von uns rückte für jeden sichtbar in die Öffentlichkeit, jemand der hinter dem »Eisernen Vorhang« lebte, jemand, der noch so jung war. Dieses Signal ist kaum zu überschätzen.

Mein Vater ließ es sich 1979 nicht nehmen, zur ersten Heimat-Reise von Johannes Paul II. mit Freunden nach Polen zu reisen, an die Orte, die der Papst bereiste. Es war fast eine Aneinanderreihung von Wallfahrten und ging doch über ein religiöses Bekenntnis hinaus. Für viele, die dem Papst zujubelten, mit ihm beteten, war sein Auftreten auch ein politisches Zeichen. Viel später erzählte mir meine damalige Lehrerin, wie stolz ich allen in meiner Klasse erzählte, dass mein Papa zum Papst reise. Ich erinnere mich noch, wie sie mich zur Seite nahm und mir sagte, dass ich etwas zurückhaltender sein solle. Sollte ich wirklich so begeistert gewesen sein? Mir hat sich das nicht so sehr ins Gedächtnis eingeprägt. Als Kind ist man eben unbefangen. Sie und einige andere Lehrerinnen und Lehrer habe ich später, in den ersten Oktobertagen 1989, bei den Demonstrationen der »Friedlichen Revolution« getroffen. Heute ist mir klar, dass ich hin und wieder wohl doch Schutzengel gehabt habe.

In Polen war es den Kommunisten nicht gelungen, die Kirche aus dem Leben der Menschen zu verdrängen. Dort musste der Staat sich geschlagen geben und dulden, dass Kirche eine Macht im kommunistischen Staat geblieben war. In der damaligen Tschechoslowakei war genau das Gegenteil passiert. Dort wurde der Glaube hart unterdrückt. Wenn wir im Urlaub in Prag sonntags zum Gottesdienst in die Kirche des Strahov-Klosters gingen, saßen dort allenfalls eine Handvoll alter Menschen. Bei uns in der DDR wurde die Kirche nicht gemocht, man bekam schon zu spüren, dass es dem Staat lieber gewesen wäre, wenn man statt ans Evangelium an den Sozialismus und seine Heilsversprechen glauben würde. Und je älter ich wurde, desto bedrängender wurde das.

Von Kindheit bis Jugend haben mich der Glaube, die Gemeinschaft in der Gemeinde, die Kirche ganz selbstverständlich begleitet. Das hat uns getragen. Während vieler Urlaube in Polen waren wir Gast in Pfarrhäusern oder Klöstern. Ich habe da wunderbare Erfahrungen gemacht. Die Zugehörigkeit zur katholischen Kirche habe ich als Kind nie hinterfragt, ich habe mich damit wohlgefühlt.

Mit der Pubertät verschwand diese Selbstverständlichkeit. Ich politisierte mich, und auch mein Umfeld bekannte politisch Farbe. Jetzt wurden die Unterschiede in der Erziehung spürbar. Auch die Forderungen des Staates wurden deutlicher. Es wurde erwartet, dass man sich anpasst, in der Spur läuft. Und Glaube und Religion gehörten nicht zu einer sozialistischen Persönlichkeit.

Waren Jung- und Thälmann-Pioniere noch nette Kinderorganisationen, wehte im kommunistischen Jugendverband FDJ ein schärferer Wind. Ja, ich war als katholisches Kind Mitglied bei den Pionieren und in der FDJ. Und ja, ich bin auch zur Jugendweihe gegangen. In dieser geteilten Welt zu leben, in beiden Welten zurechtzukommen, gehörte zur Lebenswirklichkeit vieler Christinnen und Christen in der DDR. Sicher haben Familien da unterschiedlich entschieden. Manche Eltern haben ihren Kindern verboten, in die sozialistischen Kinder- und Jugendorganisationen zu gehen oder zur Jugendweihe. Meine Eltern sind damit entspannter umgegangen, haben mir die Entscheidung selbst überlassen. Und ehrlicherweise wollte ich kein Außenseiter sein, mit meinem katholischen Glauben eckte ich im Alltag auch so schon genug an.

Rückblickend war erstaunlich, wie sich die in der Klasse gewählten Vorstände der FDJ-Gruppen zusammensetzten. Nicht selten bestand die Hälfte davon aus jungen Christinnen und Christen. Wir haben dann das Programm bestimmt. Die Idee, uns einzubinden und damit zu neutralisieren, ist jedenfalls nicht aufgegangen, denn wir haben unsere differenzierte Sicht zu politischen Themen in die Gespräche und

Diskussionen eingebracht. Wir waren ja – ohne das gemerkt zu haben – durch den Religionsunterricht, durch die Diskussionen in unseren christlichen Jugendgruppen gut »geschult« worden. Zumindest waren wir von Kindheit an gewohnt, »klug« zu formulieren, zwischen den Zeilen zu lesen, diplomatisch zu sein und Grenzen auszuloten. In der Rückschau haben wir wohl eher andere mit unserem kritischen Blick angesteckt, als dass wir beeinflusst worden wären.

Als ich meine Bewerbung für den Wechsel an die Erweiterte Oberschule einreichte, hatte ich Bedenken, dass ich nicht angenommen würde. Offen katholisch zu sein, war nicht gerade eine Empfehlung. Aber ich hatte Glück. Jahre später habe ich erfahren, dass mein Klassenlehrer, der für alle Bewerberinnen und Bewerber eine Beurteilung schreiben musste, zu einem Trick gegriffen hatte: Er hatte allen die gleiche Beurteilung ausgestellt, so dass es aufgefallen wäre, wenn die Kinder aus christlichen Elternhäusern aussortiert worden wären. Denn über schlechte Noten konnte ich mich nicht beklagen.

Die vier Jahre bis zum Abitur waren eine gute Zeit. Offene Anfeindungen gab es nicht, unterschwellige schon. Eine Lehrerin forderte mich offen vor allen Mitschülern auf, das Kreuz, das ich an der Halskette trug, unter meinem Pullover zu verstecken. In meiner Stasi-Akte steht: Sie war beim Thema »Schwerter zu Pflugscharen« nicht von der richtigen Meinung zu überzeugen. Die Hakeleien wegen meines Glaubens gingen aber nicht von meinen Schulkameraden, sondern von unseren Lehrerinnen und Lehrern aus.

Hat mein Glaube mich beeinflusst in dieser Zeit? Ganz sicher. Die Gemeinschaft in der katholischen Jugend, die Jugendwallfahrten, die Gespräche im Freundeskreis meiner Eltern haben mich natürlich geprägt. Doch wir waren nicht ständig in der Opposition. Ich habe die ostdeutsche Kirche übrigens nie als konservativ empfunden. Ökumene wurde bei uns ganz selbstverständlich gelebt.

Und außerhalb der FDJ-Veranstaltungen haben wir Jugendliche natürlich auch diskutiert, wie unsere Zukunft aussehen könnte und wie wir sie mitgestalten könnten. An eine Revolution dachte damals niemand. Dass sich die beiden großen politischen Blöcke der Welt eines

Tages auflösen würden, das konnte sich in den frühen 1980er Jahren kaum einer vorstellen. Dieses Weltsystem erschien uns fest gefügt.

Dass mich der Staat in meiner Jugend im Blick behielt, zeigte sich Jahrzehnte später, als mein Mann, mit dem ich seit der 11. Klasse liiert war, seine Stasi-Akte anforderte. Er war zum Wehrdienst an die Grenze geschickt worden und wurde dort bespitzelt. In der Akte findet sich der Hinweis, dass er eine katholische Freundin habe und man rausbekommen sollte, ob das eine ernsthafte Beziehung sei und ob das seine Loyalität zum Staat gefährden könne.

Wir haben 1988 geheiratet. Mein Mann ist nicht getauft, hat erst durch mich Kontakt zur katholischen Kirche bekommen. Er blieb auf Distanz, kann meine religiöse Bindung vermutlich auch nicht so ganz nachempfinden. Für mich war aber klar, dass ich entweder katholisch heiraten werde oder gar nicht. Unsere Beziehung habe ich dabei nicht in Frage gestellt. Die Alternative hätte in einer »wilden Ehe« bestanden. Ich glaube, in der DDR war es einfacher, auch ohne Trauschein zusammenzuleben. Es gab keinen Druck von Eltern, Gemeinde oder einem Pfarrer. Doch mein Mann akzeptierte, dass mir eine kirchliche Trauung wichtig war. Er hat sich mit mir und anderen Familien im katholischen Familienkreis getroffen, und wir haben dort viel mit unserem Pfarrer diskutiert. Es waren gute Abende und gute Gespräche. Mein Mann war auch einverstanden damit, dass unsere Kinder getauft wurden, in einen katholischen Kindergarten und in eine christliche Schule gingen. Solange die Kinder klein waren, kam er auch mit zum Gottesdienst.

Die Heirat eines Nichtkatholiken war in der DDR sehr einfach. Ich habe erst durch Gespräche mit westdeutschen Freunden in den 1990er Jahren erfahren, dass man dafür die Genehmigung des Bischofs brauchte. Unser Pfarrer machte keine große Sache aus dieser Anforderung. Wir führten ein Vorbereitungsgespräch und füllten einige Formulare aus. Mein Mann musste sich einverstanden erklären, dass unsere Kinder getauft und im christlichen Glauben erzogen werden. Wir haben herzhaft über manch angestaubte und veraltete Fragen gelacht – und freudig unterschrieben.

Das kirchliche Vorbereitungswochenende habe ich in guter Erinnerung. Mit anderen jungen Paaren redeten wir über Liebe, Ehe, Vertrauen und was uns gegenseitig wichtig ist. Es waren Gespräche über wichtige Vergewisserungen, wenn man sich auf »ewig« binden will. Glaube und »die christliche Ehe« waren kein vordergründiges Thema. Unsere Trauzeugen waren meine Patentante und ein Freund meines Mannes. Auch er war nicht katholisch. Einen denkwürdigen Moment gab es allenfalls auf dem Standesamt. Die Standesbeamtin war etwas ungehalten darüber, dass wir nur zu zweit kamen und das damit begründeten, dass unsere »richtige Hochzeit« in der Kirche stattfinden werde. Sie hat sich dann schließlich doch noch überwunden und die Zeremonie wirklich nett gestaltet.

Dann kam das Jahr 1989. Viele Mitglieder des Neuen Forums, aber auch viele Mitglieder der neu gegründeten SDP waren Christinnen und Christen. Wir – mein Vater, mein Mann und ich – traten nach dem 9. Oktober 1989 in die SDP ein, die sozialdemokratische Partei der DDR. Gleich stürzten wir uns in die Arbeit. Darüber zu schreiben, würde ein Buch füllen. Meine erste Rede hielt ich in der St.-Sebastian-Kirche in Magdeburg. Für mich war es ein vertrauter Ort mit einer Aura, in der ich mich getragen und wohlfühlte. Trotzdem war es aufregend. Kirchliche Räume haben eben etwas Besonderes.

Als Christin ist man in der CDU! Diesen Satz habe ich zu Beginn meiner politischen Arbeit oft gehört. Was für ein Unsinn. Im Gegenteil. Als Christin empfinde ich den Anspruch einer Partei, sie wäre die Partei der christlichen Bürgerinnen und Bürger, sie würde »uns« vertreten, schon anmaßend. »Nennt euch doch konservativ, das wäre ehrlicher und richtiger«, ist bis heute meine Antwort. Und ehrlich: Ich war nach 1989 doch sehr überrascht, wer mit einem Mal plötzlich offen katholisch war. Nicht alle von denen hatte ich zu DDR-Zeiten in der Kirche gesehen. Aber auch das ist ein anderes Thema.

1990 zog ich für die SPD in den Landtag von Sachsen-Anhalt ein, wurde 2006 Vorsitzende der SPD-Fraktion und 2009 auch Vorsitzende unserer Landes-SPD. In meiner Landtagsfraktion waren einige Katholiken, und im Arbeitskreis Christlicher Sozialdemokrat*innen werden christliche Überzeugungen in politische Ideen übersetzt. Zugegebenermaßen waren wir in diesem Kreis in den ersten 25 Jahren nach 1989 aktiver. Doch vielleicht wird das ein Projekt für mich, wenn ich 2025 aus dem Bundestag ausscheide – denn ich werde nicht noch einmal kandidieren.

Beeinflusst der Glaube meine politische Arbeit? Ja. Denn das, was ich denke und vertrete, wofür ich mich einsetze, hat etwas mit mir selbst und meinen Werten und Überzeugungen zu tun. Allerdings glaube ich auch, dass es »der Kirche« nicht immer gefällt, was ich vertrete. Beim Thema Selbstbestimmung der Frau, beim Thema Schwangerschaftsabbruch, beim Thema Religionsunterricht an Schulen, beim Thema Gleichstellung gleichgeschlechtlicher Ehen, Priesterweihe von Frauen, Aufhebung des Zölibats und vielen Themen mehr folge ich meiner inneren Überzeugung. Und die ist nicht nur bei diesen Themen nicht auf Kirchenlinie.

Kann ich das mit meinem Glauben vereinbaren? Aber sicher! Wenn unsere katholische Kirche sich nicht öffnet, sich nicht modernisiert, wird sie große Probleme bekommen. Und sie wird große Teile der jungen Generation verlieren. Da sich mein direktes Engagement in katholischen und gemeindlichen Gremien seit 1990 in Grenzen hält, ist es nicht an mir, heute darüber zu meckern, dass sich noch nicht genug verändert hat. Meine Antwort auf die Probleme, die ich mit Teilen der Institution Kirche habe, wird jedenfalls nicht sein, dass ich austrete. Das ist für mich persönlich keine Option.

Als Frau in dieser, meiner katholischen Kirche fühle ich mich frei. Aber es gibt noch viel zu tun.

Das Nachdenken über diesen Text hat mich jedenfalls gestärkt in der Überzeugung, dass ich mich nach meiner aktiven politischen Zeit dafür einsetzen möchte, die Situation der Frauen in der katholischen Kirche zu verbessern. Denn ich möchte, dass auch meine Töchter Glaube und Kirche zusammendenken können und sich dabei wohlfühlen. Gegenwärtig ist das für sie nicht der Fall.

Ins Land der Freiheit
Johanna Beck

Die Trias Freiheit, Glaube und Katholizismus zieht sich – manchmal wie ein strahlend roter und manchmal wie ein düsterer schwarzer Faden – durch mein bisheriges Leben. Es ist ein Auf und Ab, ein Alternieren zwischen den dunklen, unfrei machenden und den hellen, frei machenden Seiten der Kirche.

Ich bin in eine katholisch-fundamentalistische Gruppierung hineingeboren und habe, wegen der führenden Position meiner Mutter, meine ersten sechzehneinhalb Lebensjahre in deren Inner Circle verbracht und deren toxische Glaubenssätze und Gottesbilder sowie krude Ideologie im wahrsten Sinne des Wortes mit der Muttermilch aufgesogen. Der Name der Gruppierung lautet: Katholische Pfadfinderschaft Europas (KPE). Wer beim Stichwort »Pfadfinder« an wilde Abenteuer, idyllische Naturnähe und vor allem an befreiende und bestärkende Persönlichkeitsbildung denkt, der liegt in diesem Fall leider falsch. Im Gegensatz zu den »normalen« Pfadfindern wurde in der KPE der Pfadfindergedanke lediglich als Instrument benutzt, um Kinder und Jugendliche möglichst früh für sich zu gewinnen und sie dann mit der hochproblematischen Ideologie der Gemeinschaft infiltrieren und entsprechend geistig wie körperlich formen zu können. Auf diese Weise sollte – als Gegensatz zur verkommenen Welt und zum »lau« gewordenen Katholizismus – eine neue, ganz besonders katholische Elite geschaffen werden.

»Religiöse Sklaverei«

An der Spitze der hierarchisch-autoritären Struktur der KPE stand der allseits verehrte und angebetete Gründer Pater Hönisch, der uns glauben machte, er wisse exklusiv über den Willen Gottes Bescheid. Bei seinen zahlreichen und nie enden wollenden Predigten und Vorträgen (bei denen sich besonders vorbildliche KPEler*innen regelmäßig niederknieten) sowie in seinen regelmäßigen Publikationen in den gruppeneigenen Medien wurde uns wieder und wieder die KPE-spezifische »Theologie« aufoktroyiert:

Über allem thronte ein herrschaftlicher, ein rigides Gebets- und Sühneregister einfordernder, strafender – sprich: hochgradig bedrohlicher – Gott, der den sündigen Menschen (besonders bei Vergehen gegen die Reinheit und Keuschheit) nach seinem Ableben ins Fegefeuer oder in die Hölle schicken konnte. Aber auch zu Lebzeiten war man vor göttlichen Strafen nicht sicher, denn – so wurde uns von Pater Hönisch in drastischen Schilderungen vermittelt – in gar nicht so ferner Zukunft würde der Welt eine »große Reinigung der Menschheit« bevorstehen. Diesen »gigantischen, ja geradezu apokalyptisch anmutenden Kampf« würden nur die völlig sündenfreien und gottgefälligen Menschen überstehen. Alle anderen, dem Satan und den »gefallenen Engeldämonen«[1] verfallenen Menschen würde eine leid- und schmerzvolle Strafe bevorstehen. Als Gegenmittel gegen eine solch drakonische göttliche Strafe wurden regelmäßige Gottesdienste, ein umfangreicher Gebetskatalog, tägliche Rosenkränze, die Beichte, eine Abkehr von der vom Satan durchdrungenen, schlechten Welt und natürlich ein Leben in Reinheit und Keuschheit aufgeführt. So waren besonders die Zeltlager, aber auch sämtliche andere KPE-Veranstaltungen (Kurse, Wallfahrten, Visitationen, Exerzitien) beherrscht von einem militärisch anmutenden religiösen Drill und einer Kontrolle sämtlicher Lebensbereiche: Wecken, Morgengebet, Heilige Messe, Inspektion, Referate, Rosenkranz, Ewige Anbetung und dann wieder von vorne. Es gab keine Möglichkeit, sich dem

---

1 Alle Zitate aus: Andreas Hönisch: Startet jetzt eine Aktion zur Rettung der unsterblichen Seelen, in: Pfadfinder Mariens, Nr. 27, 2. Quartal 1989, S. 174–177.

zu entziehen. Kritik, Widerworte und Verweigerungen wurden bisweilen scharf sanktioniert. Das oberste Gebot lautete: Gehorsam (besonders gegenüber den Priestern dieser Gruppierung), »weil durch das Erlernen menschlichen Gehorsams der Mensch fähig wird zu einem viel tieferen Gehorsam, nämlich zum Hören auf Gott. Wer nie auf diese Weise zu gehorchen gelernt hat, wird am Willen Gottes vorbeileben, weil er auf Gott gar nicht hören kann.«[2]

Jahr für Jahr, Schritt für Schritt wurde unser Recht auf spirituelle (und auf sexuelle) Selbstbestimmung bewusst verletzt, unsere Grenzen wurden geschleift und unser freier Wille gebrochen. Glaube und Freiheit wurden für mich zu unvereinbaren Gegensätzen. Ich wurde immer tiefer in eine Art »religiöse Sklaverei« geführt.

Im Gefängnis des Schweigens

Ebenfalls hochverpflichtend war in der KPE die regelmäßige Beichte, das Hauptinstrument der sogenannten »Pastoralmacht« (Michel Foucault). Besonders einer der KPE-Priester zeigte ein geradezu obsessives Verhältnis zu diesem Sakrament: Immer wieder mussten wir bei ihm beichten – auf unseren Zeltlagern, bei seinen Visitationen in unserem Stamm, auf seinen Exerzitien.

Diese erzwungenen Beichtgespräche fanden jedoch *nie* im trennenden Beichtstuhl, sondern *immer* an möglichst schwer einsehbaren Orten statt: im Wald, in der Sakristei oder in unseren Gruppenräumen. Immer drehten sich diese Verhöre um »die Reinheit und Keuschheit« und um intimste sexuelle Details. Immer dienten diese Befragungen der Befriedigung des betreffenden Priesters. Und manchmal ging es so weit, dass er dabei übergriffig wurde …

Bis heute quält mich die Frage, warum ich mich damals nicht gewehrt habe. Die Antwort lautet schlicht und einfach: Ich habe gar nicht gewusst, dass ich mich wehren darf! Als brave KPElerin war es jenseits meiner Vorstellungskraft, dass ich mich einem Priester – dem ich ja Gehor-

---

2 Bundesführung der Katholischen Pfadfinderschaft Europas: KPE Zeremoniell, Herbstein/Rixfeld 1981.

sam schuldete – widersetzen durfte. Dank der KPE-Indoktrinationen hatte der Pater leichtes Spiel mit mir. Zudem fehlten mir – als bewusst in sexuellen Dingen sprachunfähig gehaltenes KPE-Mädchen – die Worte für das, was mir in der Beichte geschah. So wurde ich nicht nur in eine spirituelle Unfreiheit geführt, sondern auch in ein »Gefängnis des Schweigens«, in das ich fast zwanzig Jahre eingesperrt sein würde.

Befreiungsschlag

Mit fünfzehn explodierte etwas in mir: Zu lange hatte man gegen mein spirituelles und sexuelles Selbstbestimmungsrecht verstoßen! Zu lange war ich dem religiösen Drill und der permanenten (Gewissens-) Kontrolle ausgesetzt! In mir brach sich ein ausgeprägter Freiheitsdrang Bahn, der mich sogleich in Konflikt mit der KPE und mit meiner Mutter brachte. Mit 16 gelang es mir endlich, mich aus der KPE herauszuwinden, und ich begann, mich in ein Leben in Freiheit zu stürzen. Von da an wollte ich nie wieder etwas mit der KPE, aber auch – da ich zu diesem Zeitpunkt nicht mehr differenzieren konnte und wollte – nie wieder etwas mit der katholischen Kirche zu tun haben. Heute weiß ich, dass dies auch aus seelischem Selbstschutz geschah, war doch alles Katholische für mich mit negativen Erinnerungen und Triggern belegt. Diese neue Freiheit ging jedoch mit einem gewissen Schmerz einher: Ich bin nun einmal – ob ich will oder nicht – ein religiös veranlagter Mensch, und mein »Exodus« errettete mich zwar aus einer »religiösen Sklaverei«, machte mich aber zugleich zu einer »spirituell Heimatlosen«.

Über zehn Jahre lang betrat ich keine Kirche mehr und hielt mich von allem Katholischen fern. Eigentlich wollte ich nie wieder etwas mit diesem »Laden« zu tun haben. Es ist – durch Zufall oder Fügung – anders gekommen: Mit der Geburt unserer Kinder begann ich, mich wieder intensiver mit dem Christentum zu befassen, religiöse Rituale in unseren Alltag zu integrieren, wieder in der Bibel zu lesen, und ich durfte lauter Glaubens-Aspekte, -Gedanken und -Seiten entdecken, die ich in der KPE so nie kennengelernt habe. All das lebte ich zu diesem Zeitpunkt allerdings noch bewusst frei von jeglicher Gemeindebindung.

Dann ließ ich mich eines Winterabends durch die Einkaufsmeile unserer Großstadt treiben und kam vor einer Kirche zum Stehen. Mir war zuvor noch nie aufgefallen, dass es sich bei diesem (eher unauffälligen) Gebäude um eine Kirche handelte. Aus irgendeinem Grund hatte ich das Bedürfnis hineinzugehen. Hinter mir schloss sich die Tür, ich stand in der Stille – und auf einmal befiel mich ein Gefühl des Nach-Hause-Kommens. Ich setzte mich in eine der Bänke, um mich herum füllte sich die Kirche mit Menschen, und ein Abendgottesdienst begann.

Der Gott der Freiheit

Die Lesung und die Predigt drehten sich um einen Gott, der den Menschen »zur Freiheit berufen« (Gal 5,13) hat und der in eine freundschaftliche Beziehung zu seinen Geschöpfen treten will. Es waren Worte und Gedanken, die ich so in meiner Kindheit und Jugend nie wirklich gehört hatte. All das sprach mich sehr an und brachte in mir etwas zum Klingen. Ich kam nun öfter, beschloss, der katholischen Kirche eine zweite Chance zu geben, und begann obendrein in der Elternzeit – weil ich unbedingt mehr über diesen neu entdeckten Glauben wissen wollte – mit einem Theologie-Fernstudium.

Eigentlich hätte jetzt alles gut sein können. Aber erste Vorboten hätten mir eine Warnung sein können, dass man seine Vergangenheit nicht einfach abstreifen, überschreiben oder auslöschen kann. Auf einmal wurde ich von Alpträumen geplagt, die sich immer um Kirche oder Kleriker drehten, und wenn ich mit Priestern mit Kollar ins Gespräch kam, befiel mich Panik. 2018 wurde die MHG-Studie veröffentlicht, und plötzlich hatte ich ein Wort für das, was mir als Mädchen und junge Frau geschehen war, und somit auch eine Erklärung für all die damit verbundenen Gefühle (Angst, Panik, Ekel, Wut): Mir war in der Vergangenheit geistlicher und sexueller Missbrauch im Rahmen der katholischen Kirche, genauer gesagt: in der KPE, geschehen. Und auf einmal brachen alle Erinnerungen, Bilder und Emotionen über mich herein und warfen mein Leben völlig aus der Bahn.

Ich begann, mit der Unterstützung meiner Familie, meines Gemeindepfarrers und meiner Therapeutin, meinen Fall aufzuarbeiten, meine Erinnerungen zu sortieren und einzuordnen, und ich las mich – um das Erlebte besser verstehen zu können – intensiv in die Veröffentlichungen und Studien zum Thema Missbrauch in der katholischen Kirche ein. Im Zuge dessen musste ich feststellen, dass ich nicht nur ein »bedauerlicher Einzelfall« war, sondern dass es innerhalb der katholischen Kirche Strukturen und Denkmuster gab und gibt, die die Missbrauchsfälle in der Vergangenheit (und bedauerlicherweise bis in die Gegenwart) begünstig(t)en. Hochproblematische Strukturen und Denkmuster, die in der KPE noch einmal potenziert vorhanden waren und deren Gefahren ich am eigenen Leib und an der eigenen Seele erlebt hatte: Klerikalismus und Co-Klerikalismus, Pastoralmacht, Gehorsamsverpflichtung, eine pathologische wie pathogene Sexualmoral, ein toxisches Frauenbild (das sich leider optimal für Täter-Opfer-Umkehr anbietet) u. v. m. Und ich beschloss, mich – im ganz persönlichen Wissen um diese dunklen, unfrei machenden, aber auch um die hellen, befreienden Seiten der Kirche und ihrer Botschaft – für die Aufarbeitung der Missbrauchsfälle und für eine Reform dieser missbrauchsbegünstigenden kirchlichen Strukturen zu engagieren.

Seitdem sind nun fast vier Jahre vergangen. Was hat mich durch die letzten Jahre voller Aufarbeitung, Beschäftigung mit alten Wunden, dem Hinzukommen neuer Wunden, voller dunkler, aber auch heller Momente, voller Entmutigungen und Ermutigungen immer wieder aufstehen und weitermachen lassen? Was treibt mich bis heute an?

Es ist einerseits der Schmerz über die Missbrauchsfälle im Rahmen der katholischen Kirche, über die Verbrechen, die Menschen angetan wurden, über die teilweise lebenslangen Folgen für die Betroffenen (mich inbegriffen), über die Vertuschung durch Kirchenverantwortliche und die teilweise immer noch vorherrschende Reformunwilligkeit und Unbeweglichkeit der Institution Kirche, die mich immer wieder zu einer unbequemen Katholikin und »Aufarbeitungs-Aktivistin« hat werden lassen. Es ist andererseits mein Glaube (der nun wieder in der katholischen Kirche seine Heimat gefunden hat) an einen freiheitsliebenden freundschaftlichen Gott und an die Frohe Botschaft von Glaube, Hoffnung und Liebe, der Freiheit, der Nächstenliebe und von einer besonderen Zuwendung zu den Verletzten, Ausgegrenzten und Erniedrigten, der mich trägt, mich all das – im wahrsten Sinne des Wortes – ver-kraften lässt und mich motiviert, auch weiterhin für eine evangeliumsgemäßere Kirche zu kämpfen:

Für eine Kirche, die einen anderen Gott und einen anderen Glauben vermittelt als den, den ich in meiner Kindheit und Jugend fälschlicherweise aufoktroyiert bekommen habe.

Für eine Kirche, in der gilt: »Es gibt nicht mehr Juden und Griechen, nicht Sklaven und Freie, nicht männlich und weiblich; denn ihr alle seid einer in Christus Jesus.« (Gal 23,8)

Für eine Kirche, die nicht mehr Unheilsraum ist, die nicht mehr verletzt und ausgrenzt, sondern die ein einladender und inklusiver Heilsraum und Safe Space ist.

Für eine Kirche, die das essenzielle Gut der spirituellen und auch der sexuellen Selbstbestimmung vermittelt, wertschätzt und schützt.

Für eine Kirche, die ihre missbrauchsbegünstigenden, toxischen und einengenden Verdikte überwindet, sich reformiert und somit auch wieder evangeliumsgemäßer wird.

Für eine Kirche, die nicht mehr – aufgrund der anhaltenden Geschlechterungerechtigkeit – einen »Massenexodus« der Frauen riskiert, sondern in der Frauen all ihre Berufungen und all ihr Potenzial frei ausleben und ausüben können.

Für eine Kirche, die, nachdem in ihrem Namen viel zu lange Menschen in die Unfreiheit, ja Sklaverei geführt und geknechtet wurden, radikal umkehrt und ihre Mitglieder von nun an in das Land der Freiheit führt und begleitet.

Für eine Kirche, in der somit auch der Gott der Freiheit wieder sein Zelt aufschlagen kann und will.

Suche nach dem Licht im Menschen
Andrea Nahles im Gespräch
mit Elisabeth Zoll

Katholisches Leben in einem Eifeldorf hat Andrea Nahles in ihrer Kindheit geprägt. Die Gemeinschaft Gleichgesinnter stärkt sie noch heute. Sie hilft ihr über Schwierigkeiten im Leben und über den Ärger über die unzureichende Reformfähigkeit der katholischen Kirche hinweg.

- Frau Nahles, Sie sind seit Ihrer Geburt katholisch. Wie fühlen Sie sich damit und wie leben Sie in der Kirche?

In die Kirche bin ich reingewachsen. Unsere Familie war ganz selbstverständlich katholisch. Regelmäßige Gottesdienste gehörten zu meiner Kindheit, ebenso Kirchenfeste wie Fronleichnam. Als Mädchen half ich mit, Ginsterblüten abzupflücken für die Blumenteppiche, mit denen der Altar draußen auf dem Schulhof für die Prozession geschmückt wurde. In unserem Dorf in der Eifel war man katholisch. Das war fester Bestandteil unseres Lebens. So wurde ich dann auch Messdienerin. Selbstverständlich war das damals nicht. Papst Johannes Paul II. wies die Pfarrer noch an, den Dienst am Altar Jungen vorzubehalten.

Unser Pastor sah das anders – und ignorierte die Anweisung aus Rom. Auch diese Erfahrung habe ich in der katholischen Kirche gemacht. Angesprochen hat mich als Kind in besonderer Weise der Kreuzweg vor den Ostertagen.

- Inwiefern?

- Mir gingen diese 14 Stationen immer sehr nahe: der Verrat, das Schweißtuch der Veronika, die Geschichte des Scheiterns und des Auferstehens. Mich hat immer berührt, wie dieser Jesus als Sohn Gottes das Leid angenommen hat. Das hat Tiefe. In unserer Dorfkirche haben wir einen schön geschnitzten Kreuzweg. Die Figuren und Bilder haben sich mir sehr eingeprägt.

- Schöpfen Sie daraus Kraft?

- Auch. Der Blick auf den Kreuzweg hat sich im Laufe meines Lebens allerdings immer wieder verändert. Als Kind hat mich beispielsweise die Gemeinheit in der Leidensgeschichte bewegt. Das ließ mich erschaudern. Je älter ich wurde, habe ich eigene Erfahrungen mit Leid gemacht. Da wirkt die Geschichte dann noch einmal anders.

- Was ist Ihnen heute wichtig?

- Am meisten fasziniert mich das Gleichnis vom verlorenen Sohn. Das ist eine der biblischen Geschichten, die gegen den Strom geschrieben ist: Da gibt es den jungen Mann, der großspurig auf seine Familie pfeift, sein Erbe durchbringt – und am Ende trotz allem mit offenen Armen von seinem Vater wieder aufgenommen wird. Und da gibt es den Bruder, der sich für keine Arbeit zu schade war, und der ansehen muss, wie sein Vater den Abtrünnigen herzt.

Diese Großherzigkeit des Vaters steht quer zu vielen Alltagserfahrungen. Mich fordert diese Geschichte immer wieder auf zu fragen: Lebe ich danach? Von diesen irritierenden Bibelstellen gibt es viele. Sie regen an, sich immer wieder selbst zu überprüfen. Deshalb hat es Konsequenzen, wenn man sein Christsein ernst nimmt. Wobei ich betonen möchte, dass Christsein kein fixer Zustand ist. Ich empfinde das mehr als einen ständigen Versuch der Annäherung.

- Heißt Christsein dann, sich und anderen immer wieder eine Chance zu geben?

■ Ich würde es eher wie Bischof Franz Kamphaus formulieren: »Mach es wie Jesus. Werde Mensch.« Dieser Leitspruch ist mir Richtschnur. Ich mag nicht immer neu beginnen, auch wenn ich das beruflich immer wieder tue. Christsein heißt für mich, im guten Sinne Mensch zu sein. Das bedeutet schon auch, das Negative anzunehmen. Doch ich will mich diesem nicht überlassen. Als Christ suche ich immer wieder das Licht im Menschen.

■ Ist das der Kern des Wertekodex, den Sie von Kindesbeinen an mitbekommen haben?

■ Ja. Meine Eltern vermittelten mir daneben aber auch Fleiß und Arbeit, ebenso die Forderung, anständig zu bleiben und Empathie zu haben. In meinem Elternhaus wurden darüber nicht viele Worte gemacht. Das war einfach da, wurde gelebt. Mich haben das Zeigen und Tun geprägt, weniger das Reden.

■ Sie sind in einem Eifeldorf aufgewachsen, leben heute noch dort. Ist Ihnen der Glaube der Menschen im Dorf ein Vorbild?

■ Der Glaube ist natürlich auch in meinem Dorf auf dem Rückzug. Trotzdem verbindet er. Im Dorf gestalten wir beispielsweise jedes Jahr gemeinsam den Advent, laden ein zum Singen und Plätzchenessen. Die Gruppe, die mitwirkt, trägt sich auch wechselseitig. Doch es ist keine breitangelegte Erfahrbarkeit von Glauben mehr. In der Altersgruppe meiner elfjährigen Tochter ist es keine Selbstverständlichkeit mehr, zum Gottesdienst zu gehen. Auch in unserer sehr katholisch geprägten Gegend um das Kloster Maria Laach sind Kirche und Glaube nicht mehr in der Mitte der Gesellschaft. Meiner Tochter mache ich keinen Druck, lebe ihr aber mein Christsein vor – und freue mich darüber, dass sie selbst Messdienerin werden wollte..

■ Sie selbst haben in der SPD jahrzehntelang einflussreiche Ämter innegehabt. Verträgt sich Glaube mit politischer Macht?

■ Ja, warum denn nicht! Ohne Werte kann man keine politischen Entscheidungen treffen. Und christliche Werte sind für viele im

Bundestag ein Fundament. Das verbindet über Parteigrenzen hinweg. In der Politik gibt es oft enormen Druck. Entscheidungen müssen mitunter rasch getroffen werden, manchmal auch aus dem Bauch heraus. Da ist man als ganzer Mensch gefordert, mit seinen Werten und seinen Überzeugungen. Und das lässt sich vom Christsein nicht trennen.

Meiner Meinung nach muss man sich im Leben als ganzer Mensch einsetzen: ob als Schmied wie mein Opa, als Finanzamtsangestellte wie meine Mutter oder als Arzt wie mein Bruder. In der Politik ist das nicht anders. Es sind hier viele schwierige Entscheidungen zu treffen, in denen es kein Schwarz oder Weiß gibt, sondern nur Grau. Man versucht ja, möglichst vielen Menschen gerecht zu werden und viele Interessen zusammenzubringen. Wer demokratische Politik macht, muss Kompromisse eingehen können.

■ Als Politikerin verorten Sie sich links. Warum passt das mit Ihrem katholischen Glauben zusammen?

■ Es kommt immer darauf an, was man unter »links« versteht. Es gibt sicher auf der politisch linken Seite mehr Agnostiker und eine größere Distanz zur Institution Kirche als auf der konservativen. Doch viele Sozialdemokraten sind Christen, mehrheitlich evangelische. Die für mich wichtigen Fragen nach materieller Verteilungsgerechtigkeit, nach Gerechtigkeit bei Bildungschancen, nach der Würde des Menschen, die ich immer christlich ausgedeutet habe, legten mir nahe, Sozialdemokratin zu werden. Einen Widerspruch zwischen meiner linken, sozialdemokratisch geprägten politischen Haltung und meinem Christsein sah ich nie – auch wenn mir dieser von anderen immer wieder angetragen wurde. Für mich gibt es eine Grundspannung zwischen der Kirchenlehre und dem gesprochenen Wort Jesu. Der Konflikt besteht also zwischen meinem Katholisch-Sein, meiner politischen Überzeugung und den Zuschreibungen, die mit der Kirche verbunden sind. Die sozial-ökologische Reform einer Industriegesellschaft passt dagegen zu meinem Verständnis von Christsein, ebenso die Überlegung zum gerechten Umgang mit Schwächeren.

Der Sozialstaat hat für mich viel zu tun mit der Wahrung der Menschenwürde auch von armen Menschen. Und die Partei, die in meinen Augen dafür am glaubwürdigsten eintritt, ist die SPD. Deshalb ist für mich die Verbindung sozialdemokratisch und katholisch logisch.

■ Sie habe Erfahrungen große Organisationen zu managen. Was könnte die Kirche von der Politik lernen – und umgekehrt?

▬ Die Politik muss sich im Gegensatz zur Kirche alle vier Jahre dem Votum der Wähler stellen. Das heißt, sie ist in relativ kurzen Abständen einer Selbst- und Fremdüberprüfung ausgesetzt. Das verhindert, dass Großorganisationen wie Parteien zu selbstgefällig werden. Sie müssen sich vielmehr immer wieder von Neuem die Frage stellen: Was brauchen die Menschen? Die Kirchen müssen das nicht. Nicht einmal alle 100 Jahre. Darin liegt meines Erachtens ein Mangel.

Umgekehrt haben Kirchen den Vorteil, in langen Linien denken zu können. Damit könnten sie einer Gesellschaft Stabilität, Sicherheit und Kirchlichkeit geben, die fern von Moden und kurzatmigen Ausschlägen ist. Im Moment funktioniert das nicht mehr. Viele wollen den Kirchen nicht mehr zuhören. Die Menschen sind enttäuscht, zweifeln die moralische Glaubwürdigkeit einer Institution an, die unfähig ist, sich ausreichend zu hinterfragen. Deswegen kann Kirche das, was sie anzubieten hat, nicht mehr zu den Menschen bringen. Ihr fehlt die moralische Integrität. Das heißt nicht, dass Menschen nicht unterscheiden können zwischen einzelnen Personen, die in der Kirche tolle Arbeit machen, und der Institution. Mich verärgert die mangelnde Fähigkeit der katholischen Kirche zur Erneuerung und sie macht mich traurig. Dadurch fehlt der Gesellschaft eine wichtige Stimme. Es braucht also zweierlei: eine Politik, die sich immer wieder an unverhandelbaren Werten ausrichtet, und Kirchen, die die Fähigkeit haben, sich selbst zu überprüfen. Wenn das nicht zusammenkommt, haben wir eine Störung.

■ Wie geduldig sind Sie selbst noch mit der katholischen Kirche?

▬ Ich bin viel geduldiger als die meisten Menschen, auch wenn ich mich entschieden habe, zum Beispiel aus dem Zentralkomitee der deutschen Katholiken auszuscheiden. Ich spürte, es ist Zeit loszulassen. Wenn ich an die Institution denke, kommt immer wieder meine Verärgerung über den Männerladen hoch. Ich weiß selbst, dass es Kompromisse braucht und das Frauenpriestertum nicht sofort eingeführt werden kann. Aber warum soll es keine weiblichen Diakone geben? Fortschritt geht in Schritten. Wenn sich gar nichts bewegt, die gesellschaftliche Realität strikt ausgeblendet und das Verhältnis zu Frauen in der Kirche nicht als Konvention enttarnt wird, dann ist das zu wenig.

- Sehen Sie trotzdem auch Zeichen der Hoffnung?
- Solange die Deutsche Bischofskonferenz sich wechselseitig blockiert, ehrlicherweise nicht. Zwar gibt es eine neuere Generation von Bischöfen, die die Probleme erkennt, aber im Gesamten ist das Gremium nicht handlungsfähig. So viele Hunderttausende Katholiken haben die Kirche nach dem Missbrauchsskandal verlassen. Die Aufarbeitung zeigt, wie schwer es der Institution noch immer fällt, sich zu hinterfragen. Auch in Bezug auf Frauen.

Meine große Sorge ist, dass man sich einzurichten beginnt im zahlenmäßig Kleinen – und kein Problem damit hat. Das finde ich äußerst irritierend. Ich kann mir keine katholische Kirche vorstellen, die auf Dauer damit zufrieden ist, keine Volkskirche mehr zu sein.

Man siehts

Die Messe biegt in ihre 40ste Minute,
als gewandelt wird.
Das Wasser in Wein zu Blut,
das Brot als Hostie zu Leib.
Glockengeklingel, Ministrant tritt immer hinten auf die Kutte, wenn
er sich erhebt.
Da ist viel Leib am Werk.
Jesus, ein Fremder an einem Holzkreuz,
hat einen schlimmen Schnitt in der Seite.
Seit tausenden Jahren verbindet den keiner.
Das ist schon fahrlässig.
Ein Mann wie ein Briefkasten dadurch.
Kummerkasten aus Holz mit Schlitz.
Gut, dass hier alles gewandelt wird.
Werden Sorgen Gesänge.

Nora Gomringer

Mehr Freiheit wagen
Monika Grütters

Im Mai 2016 wurde ich von einer Journalistin gefragt, ob das Christentum und sein Kreuz ins Kanzleramt gehören. Was für eine Frage – eine gewaltige oder doch nur eine rhetorische? In meinem Amtszimmer als Kulturstaatsministerin im Kanzleramt hing das Kreuz zwar nicht demonstrativ, aber doch unübersehbar für den, der es sehen wollte, selbstverständlich im Raum. Mir hätte auch etwas gefehlt, wenn das für die Regierung geltende Gebot weltanschaulicher Neutralität den Verzicht auf das maßgebliche Symbol meines christlichen Glaubens in meinem persönlichen Büro bedeutet hätte, auf das Kreuz, auf dieses Zeichen für Toleranz, Nächstenliebe und Weltoffenheit.

Immerhin bin ich ja sowohl Politikerin als auch gläubige Christin. Auch im Kanzleramt bin ich nicht das eine oder das andere. Und nach der Sozialisation in einem durch und durch katholischen Milieu in meiner Heimatstadt Münster mit wohltuend undogmatischen christlich-katholischen Grundüberzeugungen habe ich in Berlin, der »Hauptstadt des Atheismus« mit gerade einmal neun Prozent Katholiken, gelernt, mich explizit zu meinem katholischen Glauben zu bekennen, wie es im Petrus-Wort heißt: »Steht jedem Rede und Antwort, der nach der Hoffnung fragt, die Euch erfüllt.« (1 Petr 3,5) Auch im Kanzleramt, wenn es sein musste. Ich sage gern, was mein Glaube mir bedeutet, nämlich inneren Halt, Orientierung und Zuversicht. Die Hoffnung, die mich erfüllt, ist eine alltägliche wie grundsätzliche – ein Prinzip, das das Dasein lebenswert macht.

Religion privat und politisch – ein echtes Spannungsfeld

Als Politikerin befinde ich mich in einem Spannungsfeld zwischen dem Nötigen und dem Möglichen, zwischen dem Ideellen und dem Pragmatischen. Als Christin richte ich mein politisches und persönliches Handeln am christlichen Menschenbild und an Wertmaßstäben christlicher Ethik aus. In einer säkularen Gesellschaft, deren große Mehrheit persönliche Glaubensüberzeugungen und religiös begründete Entscheidungen nur allzu gern zur reinen Privatsache erklären und aus öffentlichen Debatten heraushalten würde, stehe ich – wie viele andere Christinnen und Christen auch – vor der Herausforderung, meine eigenen Überzeugungen angemessen in meine politische Arbeit hinein zu übersetzen. Schnelle Hilfeleistung und unbürokratischer Pragmatismus sind durch die strukturellen Gegebenheiten der Politik oftmals nicht möglich.

Am prägnantesten hat diesen Konflikt wohl Julius Kardinal Döpfner beschrieben, indem er bezugnehmend auf das Gleichnis des barmherzigen Samariters und die praktische Umsetzung der christlichen Nächstenliebe in unserem heutigen Alltag einmal gesagt haben soll: »Der barmherzige Samariter unterschreibt keine Resolution, die weitergeleitet werden muss, er sagt auch nicht, dieses Amt oder jene Stelle ist dafür zuständig, er packt selbst an, er tut, was er kann und hilft, wo Hilfe nötig ist.« Wie anders läuft das leider oft in der Politik!

Ich gehöre der Partei an, die das berühmte »C« in ihrem Namen trägt, sich also fortwährend mit dem Spannungsverhältnis zwischen Politik und Religion auseinandersetzt. Natürlich ist Religion in erster Linie Privatsache. Bei mir als Politikerin, die sich zum Christentum auch im Namen ihrer Partei bekennt, ist mein Glaube jedoch immer zugleich auch öffentlich. In diesem Geist bin ich eine politisch engagierte Christin. Ich halte es für wichtig, in meinem privaten wie beruflichen Handeln Zeugnis abzulegen und auf die der christlichen Sozialethik verpflichteten Grundlage unseres Zusammenlebens hinzuweisen. Sie ist im Kernansatz unserer Verfassung festgeschrieben: »Die Würde des Menschen ist unantastbar.« (Art. 1 GG) Dieses Menschenbild hat seine Quelle im christlichen Glauben, nach dem der Mensch Ebenbild Gottes ist und daraus abgeleitet jeder Mensch dieselbe Würde und alle damit verbundenen Rechte, Ansprüche und Verpflichtungen hat. Eine humane Gesellschaft wird es nur geben, wenn wir uns dieser Überzeugung immer wieder vergewissern und entsprechende Handlungskonsequenzen ziehen. So kann Friede werden und eine christlich begründete Kultur des Miteinanders aussehen. Konkretisiert wäre das etwa ein Schulsystem, das nicht vereinheitlicht, sondern die Begabungen der oder des Einzelnen sieht und fördert. Es ist ein Sozialstaat, der sich dem Subsidiaritätsprinzip und der Sozialen Marktwirtschaft – dem sozialsten Gesellschaftsmodell der Welt – verpflichtet fühlt. Und es ist die Kultur als Identitätsvergewisserung einerseits und Brückenbauerin in heterogenen Gesellschaften andererseits. Reiner Pragmatismus oder ein noch so gut ausbalancierter Mix aus ökonomischen und sozialen Maßnahmen reichen auf Dauer für einen christlich geprägten Codex für gelingendes Zusammenleben nicht aus, um Zusammenhalt herzustellen. Es geht eben um mehr als um Angebot und Nachfrage.

Die Anerkennung des Gebots der Nächstenliebe als Motiv für menschliches Engagement ist mehr als eine gegenseitige Nützlichkeitsvereinbarung nach dem Motto: »Eine Hand wäscht die andere.« Nächstenliebe verwirklicht sich letztlich in der Barmherzigkeit und ist insofern mehr als Hilfsbereitschaft. Ein barmherziger Mensch öffnet sein Herz fremder Not und nimmt sich ihrer an. Er kann sich einfühlen, er kann verzeihen. Barmherzigkeit heißt, im Fremden zuallererst den Mitmenschen zu sehen und ihm vorurteilsfrei gegenüberzutreten. Ein hoher Anspruch! Schwierig genug, sich daran im engsten persönlichen Umfeld, in menschlichen Nahbeziehungen zu orientieren. Noch schwieriger wird dies im Berufsleben, im ökonomischen Wettbewerb und auch in der Politik. Hier eröffnet sich Spannungsfelder, die das scheinbar einfache und intuitiv einleuchtende Gebot der Nächstenliebe dann doch viel komplizierter machen. Politik erweist sich dort allzu oft als sperrig. Die politische Kultur im weitesten Sinne – damit meine ich demokratische Verfahren ebenso wie öffentliche Debatten und das menschliche Miteinander in der Politik – lässt sich nicht so einfach messen an moralischen Kategorien der Wahrnehmung.

Glaubenswahrheiten und politischer Alltag – schwer verhandelbar

Eine christlich geprägte Vorstellung von Nächstenliebe hat sich mittlerweile weit über die Gemeinschaft gläubiger Menschen hinaus in unser kollektives Bewusstsein und in unsere moralischen Urteile eingegraben. Doch wie präsent ist das Christliche in unserer Kultur und unserer Identität – die christlichen Werte, der christliche Glaube, die christlichen Überlieferungen und Traditionen? Wie präsent sollen, wie präsent *dürfen* Religion und Glaube in einer säkularen Gesellschaft, in einer demokratischen Kultur und in der Politik überhaupt sein? Ich denke dabei oft an das eingangs erwähnte berühmte Petrus-Wort. Dieses Bekenntnis ist ja keineswegs selbstverständlich in einer vornehmlich säkularen Gesellschaft. Als gläubige Katholikin bin ich persönlich dennoch der Überzeugung, dass Religion und Politik füreinander fruchtbar sein können.

Sicherlich ist es nicht immer einfach, im politischen Ringen um notwendige Kompromisse zu religiösen Überzeugungen zu stehen. Unser ehemaliger Bundestagspräsident Norbert Lammert hat das Verhältnis von Politik und Religion auf die griffige Formel gebracht: »Der Glaube handelt von Wahrheiten, die nicht abstimmungsfähig sind; Politik handelt von Interessen, die nicht wahrheitsfähig sind. Allein dieser fundamentale Unterschied zwischen Wahrheiten und Mehrheiten, Prinzipien und Interessen definiert die spezifischen Aufgaben und Kompetenzen von Kirchen und Parteien, die weder aufgebbar noch austauschbar sind.«[1]

Die Kirchen halten aus gutem Grund an Glaubenswahrheiten unabhängig von gesellschaftlicher Akzeptanz und Mehrheit fest. Daher

---

1 Norbert Lammert, Religion – eine Privatsache? Das »C« als politisches Programm, in: Die Politische Meinung (409/12.2003), S. 20.

kommt es dort jedoch kaum zum Kompromiss, wenn es um die Umsetzung eigener Überzeugungen in die gesellschaftliche Praxis geht – das Hauptprinzip politischen Wirkens. Der Interessenausgleich, für den wir in der Politik streiten, verlangt dagegen eine große Flexibilität im Denken und Handeln. Die Orientierung an ganz bestimmten ethischen Maßstäben, die Ausrichtung am christlichen Menschenbild beispielsweise aber ist für gläubige Christen nicht verhandelbar.

Politik und Religion können sich sehr wohl auf eine für die demokratische Kultur fruchtbare Weise ergänzen. Der ehemalige Aachener Bischof Klaus Hemmerle hat es einmal so ausgedrückt: »Politisches und Christliches können nur dann füreinander fruchtbar werden, wenn sie sich einander freigeben, wenn sie sich voneinander unterscheiden, um in solcher Unterscheidung Impuls füreinander zu werden. Impuls füreinander: Denn auch das Christliche kann in seinem Verständnis und in seiner Realisierung vom Politischen lernen.«[2] Um das zu realisieren, sind Orte der Begegnung mit und zwischen den Religionen sowie kultureller und gesellschaftlicher Akteure immer wichtiger. Dort kann das Gemeinsame im je individuell Besonderen erfahren werden. Solche Räume entstehen zum Beispiel durch Kunst und Kultur und insbesondere dort, wo sich Kultur (-politik) einem echten Wertefundament verpflichtet fühlt.

Kultur und Kirche – Ringen um Antworten auf letzte Fragen

Die notwendige Einheit einer Gesellschaft innerhalb der Weltgemeinschaft setzt eine Selbstvergewisserung durch die eigene Kultur und Identität voraus. Nur wer seine eigene Kultur kennt und schätzt, kann mit Menschen anderer kultureller Prägungen in einen fruchtbaren Dialog treten und dem Fremden Raum geben, ohne sich selbst dadurch bedroht zu fühlen.

---

2   Klaus Hemmerle, Unterscheidungen: Gedanken und Entwürfe zur Sache des Christentums heute, Freiburg u.a. 1972, S. 112.

Kultur sucht, ähnlich wie es die Kirchen und ihre Gläubigen tun, nach Antworten auf letzte Fragen, nach Kräften und Werten, die unsere Gesellschaft verbinden. Und gerade die Kunst, die Künstler selbst sind es, die Grenzen ausloten, die um Antworten auf Fragen nach dem Leben, nach dem Tod, nach dem Wesen des Menschen ringen.

Vor diesem Hintergrund müssten sich die großen Kirchen in Deutschland viel mehr an kulturpolitischen Debatten beteiligen und sich neben sozialpolitischem Engagement auch vermehrt zugunsten ihres kulturellen Erbes und ihrer Verantwortung für die künstlerische Avantgarde positionieren. Kulturelles Erbe zu schützen einerseits und die Ermöglichung intellektueller und künstlerischer Avantgarde sicherzustellen andererseits sind gemeinsame Aufgaben von Politik und Kirche. Die Religionen (!) spielen hier eine evidente Rolle. Mehr denn je sind sie mit ihren Institutionen in Fragen der Flüchtlingshilfe, der Integration, des Zusammenlebens in multiethnischen Gesellschaften gefragt – alles auch mit Bezug auf Gedenken und die Aufarbeitung unserer schwierigen Vergangenheit. Bei allem Ringen um föderale Zuständigkeiten in der Kultur, um eine auskömmliche Finanzierung, hat sich in Deutschland die Einsicht durchgesetzt, dass Kulturförderung sich lohnt, dass Kultur ein wichtiger Standortfaktor ist – ja, dass man eine gesunde demokratische Gesellschaft sehr wohl daran erkennen kann, wie sie mit ihrer Kultur umgeht. In meinen Augen ist sie jenseits dieser utilitaristischen Aspekte viel mehr als nur nützlich: Kultur ist immer auch Ausdruck von Humanität.

Und auch die christlichen Kirchen schaffen kulturelle Identität weit über den Kreis ihrer Mitgliedschaft hinaus. Sie tun das seit 2000 Jahren mit einer Prägekraft, wie keine andere Institution weltweit dies je geleistet hat. Ohne die große künstlerische Inspiration der christlichen Theologie wäre die Kultur des Abendlandes ärmer an Geist und Sinnlichkeit. Kirche und Kultur sind dabei keineswegs deckungsgleich, doch gemeinsam ist beiden, dass sie neue Perspektiven eröffnen, den Blick über Vordergründiges hinausheben, das Leben deuten wollen. Dazu gehören alle kulturellen Ausdrucksformen, die Unbedingtheit, Authentizität und geistiges Ringen um letzte Fragen verkörpern. Im besten Fall bieten sie bei schwierigen Entscheidungen Orientierung und in Krisen Trost. Der Kult und die Kultur teilen in einer Tiefe, die auch mit ihrem gemeinsamen Ursprung zu tun hat, einen besonderen Sinn für das Ritual, für die Schönheit von Ordnung und Form. Zugleich sind sie für unsere Gesellschaft Motor und Korrektiv. Dass sowohl Religion als auch Kunst, Musik, Literatur und Tanz – die Kultur – mehr sind als bloße Freizeitbeschäftigungen oder Hobbys, haben wir in der Coronapandemie am eigenen Leib gespürt und können es nun auch angesichts des schrecklichen Angriffskrieges auf die Ukraine sehen: In größter Not schöpfen Menschen aus Gebeten Kraft, geben Konzerte und Theater Mut und schenken Bilder neue Perspektiven. In Zeiten des Lockdowns sind Kirchen und Kunstschaffende gezwungenermaßen neue Wege gegangen, haben gestreamt und innovative digitale Formate entwickelt. Jeder auf seine Art hat dazu beigetragen, der Bevölkerung die Situation der Dauer-Distanz begreiflich zu machen, die Folgen zu antizipieren und sie womöglich auch zu bewältigen. Lange haben wir in Deutschland nicht mehr so unmittelbar wie in diesen Tagen begriffen, dass Kultur tatsächlich kein Luxus ist, den man sich nur in Zeiten des Wohlstands leistet, und die Religion nicht nur eine nette Tradition. Beide sind Lebensmittel – im wahrsten Sinne des Wortes! Wenn wir, wie es so oft gesagt wurde, wirklich alle verändert aus dieser Krise hervorgehen, dann wird eines nicht fernen Tages daran zu erinnern sein, dass Kultur und Kirche – nicht nur, aber auch – in unserem Land so etwas wie den Modus des Zusammenlebens geprägt haben.

Frauen in Kultur und Kirche – mehr Zukunft wagen

Neue Wege im Modus unseres Zusammenlebens braucht es auch in Bezug auf die Gleichberechtigung von Mann und Frau im kulturellen wie kirchlichen Milieu. In beiden Bereichen kann von echter Gleichstellung zwischen Frauen und Männern, wie sie in Artikel 3 unseres Grundgesetzes festgeschrieben ist,[3] noch keine Rede sein. Im kulturellen Bereich verzeichnen wir abgesehen von der positiven Entwicklung, dass etwa der Frauenanteil in Führungspositionen staatlicher Kultureinrichtungen, insbesondere in Bibliotheken und Museen, in den vergangenen Jahren deutlich gestiegen ist,[4] anderswo bestenfalls Stillstand. Es ist nicht nur frustrierend, dass beispielsweise immer noch 90 Prozent der Chefredakteure deutscher Tageszeitungen Männer sind – genauso wie die meisten Entscheider in Online-Redaktionen und in TV- und Hörfunksendern.[5] Denn sie transportieren ja automatisch und oft ungewollt entsprechend gefärbte Beiträge. Genauso besorgniserregend ist der konstant bestehende Gender-Pay-Gap. Im Jahr 2018 lag Deutschland im EU-Vergleich mit 21 Prozent auf dem vorletzten Platz und damit über dem der meisten anderen Mitgliedsstaaten.[6] Das gilt auch für den Kulturbereich: Journalistinnen, Künstlerinnen und Kreative haben im Durchschnitt 24 Prozent weniger auf dem Gehaltszettel als ihre männlichen Kollegen. Eine Studie des Deutschen Kulturrats, die Forschungsergebnisse von 2018 bis 2020 zusammenträgt, zeigt, wie es um die Diversität in deutschen Kultureinrichtungen bestellt ist.[7] Die Gründe dafür sind vielfältig. Schwierig-

---

3 Art. 3, GG: »(1) Alle Menschen sind vor dem Gesetz gleich. (2) Männer und Frauen sind gleichberechtigt. Der Staat fördert die tatsächliche Durchsetzung der Gleichberechtigung von Frauen und Männern und wirkt auf die Beseitigung bestehender Nachteile hin. (3) Niemand darf wegen seines Geschlechtes, seiner Abstammung, seiner Rasse, seiner Sprache, seiner Heimat und Herkunft, seines Glaubens, seiner religiösen oder politischen Anschauungen benachteiligt oder bevorzugt werden. Niemand darf wegen seiner Behinderung benachteiligt werden.«

4 Kunst- und Fachmuseen: Anstieg auf 34 bzw. 33 Prozent; Bibliotheken: 43 Prozent. Vgl. Gabriele Schulz, Carolin Ries, Olaf Zimmermann, Frauen in Kultur und Medien: Ein Überblick über aktuelle Tendenzen, Entwicklungen und Lösungsvorschläge, Berlin 2016, online unter: https://www.kulturrat.de/publikationen/frauen-in-kultur-undmedien/?print=pdf [zuletzt aufgerufen am 20.06.22], S. 100; S. 93.

5 Vgl. Pro Quote Medien, in: https://www.pro-quote.de/zehn-gruende-fur-die-quote/ [zuletzt aufgerufen am 23.05.2022].

6 Vgl. Guido Zinke, Geschlechterungleichheiten: Gender Pay Gap (01.11.2020), in: https://www.bpb.de/themen/arbeit/arbeitsmarktpolitik/318555/geschlechterungleichheiten-gender-pay-gap/#nodecontent-title-0 [zuletzt aufgerufen am 27.05.2022].

7 Vgl. Olaf Zimmermann (Hg.), Diversität in Kulturinstitutionen 2018-2020, https://www.kulturrat.de/publikationen/diversitaet-in-kulturinstitutionen-2018-2020/ h [zuletzt aufgerufen am 27.09.2022].

keiten bei der Vereinbarkeit von Karriere und Familie gehören genauso dazu wie Rollenstereotype, die vor allem Männern relevante Qualitäten wie Kreativität und Schaffenskraft, Durchhaltevermögen und Leidenschaft zuschreiben. Künstlerinnen können ein Lied davon singen – oder auch einen Text dazu schreiben.

Unter anderem mit der Initiative des Runden Tisches »Frauen in Kultur und Medien« habe ich als Staatsministerin versucht, ein deutliches Zeichen für Veränderung in diesem Bereich zu setzen. Über mehrere Arbeitsgruppen und Planungstreffen hinweg haben Künstlerinnen und Künstler aller Sparten ihre Erlebnisse mit Leitenden verschiedener Kultureinrichtungen, Verbandsvertretungen und Journalistinnen und Journalisten ausgetauscht. Es wurden mit Best-Practice-Beispielen Impulse für die weitere Diskussion gegeben und umsetzbare Maßnahmen für mehr Geschlechtergerechtigkeit entwickelt. Doch auch nach vielen Jahren engagierter Umsetzung wichtiger struktureller Größen wie etwa des Bundesgremienbesetzungsgesetzes, der Einrichtung des Projektbüros für Frauen in Kultur und Medien und einem spartenübergreifenden Mentoring-Programm ist dort noch immer viel Luft nach oben – und das in einem Bereich, der hier seinem Selbstverständnis als gesellschaftliche Avantgarde ganz sicher nicht gerecht wird.

Leider verhält es sich in der katholischen Kirche ähnlich. Auch sie glaubt offenbar, auf Vielfalt, auf die Begabungen der Frauen und auf den Erfolg gemischter Teams verzichten zu können. Dass Frauen in der katholischen Kirche systematisch benachteiligt werden, etwa beim Zugang zu Weiheämtern oder Führungspositionen, ist keine Neuigkeit. Auch anderen gesellschaftlichen Gruppen, wie beispielsweise homosexuellen oder non-binären Menschen, stehen nicht alle Türen uneingeschränkt offen. Dabei ist es doch eigentlich ein uralter, christlicher Grundimpuls, mit politischer, struktureller und sogar traditionell-religiöser Einseitigkeit und Enge zu brechen. Doch auch wenn schon Paulus im Galaterbrief schreibt, dass alle Getauften »einer in Christus« seien und es in der Kirche Christi nicht mehr auf die Herkunft, den sozialen Stand und nicht einmal auf das Geschlecht ankomme, sondern der gemeinsame Glaube sogleich eine gemeinsame Augenhöhe schaffe (vgl. Gal 3,27–29), so ist dies noch längst keine katholische (und damit meine ich ganz bewusst: allumfassende) Realität.

Der 2019 von der Deutschen Bischofskonferenz (DBK) und dem Zentralkomitee der deutschen Katholiken (ZdK) initiierte Synodale Weg soll der gemeinsamen Suche nach Antworten auf diese gegenwärtige kirchliche Situation dienen und nach Schritten zur Stärkung des christlichen Zeugnisses fragen. Ich bin froh, dass ich selbst an diesem Prozess mitwirken und so Kirche mitgestalten kann. Im Februar 2022 wurde bei der dritten Synodalversammlung des Synodalen Weges in Frankfurt a. M. beispielsweise ein wegweisender Text zu »Frauen in Diensten und Ämtern in der Kirche« beschlossen. Er behandelt den umfassenden Reformbedarf, beschreibt biblische Ämtermodelle und wirbt für einen grundlegenden Strukturwandel, um den revolutionären Geist der im Evangelium verkündeten Gleichheit widerspiegeln zu können. Konkret bedeutet das auch, schon jetzt die kirchenrechtlichen Möglichkeiten etwa in Bezug auf Leitungsmöglichkeiten durch Laien auszuschöpfen. Dieser Ansatz, dieser Anspruch ist mit großer Mehrheit beschlossen worden. Das ist ein echter Erfolg.

Mir ist es – nicht nur im Sinne der Gleichberechtigung, sondern vor allem auch im Sinne von Vielfalt und Glaubwürdigkeit – ein Herzensanliegen, dass wir klüger werden und uns um größere Gerechtigkeit bei Chancen für Frauen und Männer bemühen. Das gilt übrigens für Kultur und Medien genauso wie für die kirchlichen Institutionen. Ich bin zutiefst überzeugt davon: An dieser Frage einer angemessenen und selbstverständlichen Einbeziehung weiblicher Potenziale wird sich die Zukunft unserer Gesellschaft und die der Kirche entscheiden. Die katholische Kirche in Deutschland jedenfalls wird nur glaubwürdig und wahrhaftig sein können, wenn sich die Reformfreudigkeit auch in konkreter Umsetzung verwirklicht, wenn wir die Zeichen der Zeit sehen und auf sie antworten, ohne (Glaubens-) Wahrheiten zu verflachen. Es hat sich in 2000 Jahren viel verändert, darauf muss reagiert werden. Vieles andere ist immer noch genauso gültig, das soll bleiben. Das oben erwähnte Gleichnis vom barmherzigen Samariter etwa hat in seiner Grundaussage nichts an Relevanz und Wahrheit eingebüßt. Auf Kardinal Döpfners Würdigung der unbürokratischen Hilfeleistung des Samariters bezugnehmend möchte ich sagen: Gerade jetzt braucht es Taten, die in die Zukunft weisen! Der Kirchenaustritt darf keine Alternative oder gar Form des Protests bleiben.

Ich hatte Glück mit dieser Kirche, die meinem Glauben eine Heimat und meinem Leben Halt bietet. Ich habe unendlich viele gute Erfahrungen machen dürfen: Mein Elternhaus, charismatische Seelsorgende, beeindruckende Ordensschwestern, meine Schulzeit an der katholischen Marienschule in Münster und wichtige Vorbilder in der Lebensgestaltung haben mich begleitet und geprägt. Jede und jeden, der/dem es ähnlich geht, möchte ich dazu ermutigen und aufrufen, sich umso tatkräftiger von innen heraus für eine synodale katholische Kirche, für unsere katholische Kirche im 21. Jahrhundert, zu engagieren. Es braucht gerade jetzt Frauen und Männer, die sich selbstbewusst zu christlichen Werten und Überzeugungen bekennen!

Auch in meinem jetzigen Arbeitszimmer im Bundestag hängt mein Kreuz. Es ist und bleibt sichtbares Zeichen meines Glaubens und der Wertgrundlage, auf der mein persönliches und mein politisches Handeln fußen. Politik auf Grundlage des christlichen Menschenbilds zu betreiben bedeutet, den Menschen mit all seinen Stärken, Schwächen und seiner Freiheit in den Mittelpunkt zu stellen, seine Bedürfnisse zu sehen und auf sie zu antworten. Der zur Freiheit befreite Mensch (vgl. Gal 5,1) ist ein christliches Ideal, das von der Gottesebenbildlichkeit herrührt, auf der sich die in unserer Verfassung verankerte Menschenwürde gründet. Menschenwürde, universelle Freiheit und Nächstenliebe gehören für mich zu einer modernen, christlich geprägten Politik. Für so eine Politik trete ich ein – als Frau, als Katholikin und in großer innerer Freiheit.

Durch die Brille der Hofnärrin
Ulrike Böhmer

Wie bin ich so katholisch geworden? – Wie bin ich Kirchenkabarettistin geworden? – Und was hat das beides mit Freiheit zu tun? – Diesen Fragen möchte ich in meinem Beitrag nachgehen. Wobei mir im Vorhinein schon klar ist, dass mein Beitrag zutiefst subjektiv, persönlich, fragmentarisch und manchmal auch satirisch ist. Aber immerhin das: ehrlich und offen!

Und so lege ich gleich los: ich bin zutiefst katholisch und zwar ganz tief innen drinnen. Es fiel mit schon vor zig Jahren auf: Tief in meinem Bauch liegen Gefühle, die mit meinem Katholisch-Sein zu tun haben müssen. So kam und kommt es vor, dass mir beim »Großer Gott wir loben Dich« oder beim »O du fröhliche« in der Christmette mit Trompetenunterstützung Tränen in die Augen schießen und ich das nicht stoppen kann. Allerdings habe ich auch schon beim Abspielen der Nationalhymne von Kamerun bei der Frauenfußball-WM 2011 im Stadion in Bochum »Pippi inne Augen« gehabt. Das kann natürlich auch an den Hormonen oder an den fehlenden liegen. Aber so eine Rührung liegt irgendwie in mir drin, und auch meine Mutter und sogar mein Vater waren im hohen Alter davon befallen. Ich bin gerührt, wenn Nachbarskinder zur Erstkommunion gehen und ganz stolz sind. Wenn ein Orgel- oder Chorkonzert meine Seele ins Schwingen bringt und ich dann nicht anders kann, als verstohlen ein Taschentuch zu suchen und mir die Tränen abzuwischen. Und dann denke ich daran, dass Gott dereinst all unsere Tränen abwischen wird, und ich frage mich, ob damit auch die Rührungstränen gemeint sind.

Ich liebe Weihrauch und ich glaube auch, dass er schuld an meinem Katholisch-Sein ist. Meine Mutter, die ich schon vor Zeiten befragt hatte, ob es sein kann, dass ich das Katholische mit der Muttermilch eingenuckelt hatte, meinte nur ganz lapidar: »Nein, Du bist ja gar nicht gestillt worden.« Aus meiner katholischen Kindheit erinnere ich mich vor allem an die sonntäglichen Hochämter, in denen das Weihrauchfass geschwungen wurde, bis die Kirche qualmte. Ich habe es geliebt, wenn der Rauch emporstieg und wenn dann die Sonne durch die bunten Kirchenfenster den Raum in ein fast überirdisches Licht tauchte, war ich selig. Ach, wie gern wollte ich selbst das Weihrauchfass schwenken – aber da gab es ja ein kleines Problem »unterrum«.

Ich glaube, dass ich mit diesen überproportional hohen Dosen Weihrauch das Katholische inhaliert habe: Durch die Nase, Nebenhöhlen, Bronchien, und dann hat es sich im Bauch von innen festgesetzt. Deshalb ist bei vielen katholischen Menschen so viel von da (also vom Bauch), und das beziehungsweise der geht auch nicht so leicht weg.

Ich liebe die festlichen Rituale meiner Kirche und werde ärgerlich, wenn sie so dahingeleiert werden. Als Papst Franziskus 2020 ganz allein in der Corona-Krise vor dem menschenleeren Petersplatz in Rom für die weltweiten Opfer der Corona-Pandemie den Segen »Urbi et Orbi« gesprochen hat, saß ich vor dem Fernseher und habe tief bewegt gedacht: was für ein ausdrucksstarkes Ritual (das können wir Katholik*innen). Als Gemeindereferentin habe ich das Aschenkreuz austeilen dürfen, ebenso den Blasiussegen – welche wunderbare persönliche Zuwendung zum einzelnen Menschen. Ich empfange auch selbst gern diese Zeichen, denn sie veranschaulichen die Nähe Gottes zu uns Menschen. Auch an Prozessionen habe ich gute Erinnerungen – gemeinsam mit den anderen Kindern und Jugendlichen unserer katholischen Jugend an Fronleichnam als Teil einer großen christlichen Gemeinde durch die Stadt zu ziehen, das war schon ein Ereignis.

Zu meinem Katholisch-Sein gehören Kirchen: romanische, gotische, moderne, sogar evangelische – egal. Es gibt kaum eine Kirche, die ich nicht schön finde, und in jedem Urlaub gehört der Kirchenbesuch dazu. Ich bewundere die Baumeister*innen und Künstler*innen (wissen wir, ob es tatsächlich immer nur Männer waren?); die architektonischen Meisterleistungen; die reiche oder auch karge Innenausstattung; den Geist, der dort weht; die Atmosphäre von Freude und Glück, Trauer und Tränen, Gebeten und Liedern, die den Raum seit Jahrhunderten anfüllen. Ich kann stundenlang in einer Kirche sitzen, schauen, staunen, bewundern oder mich wundern. Und stille werden und sein.

Ich kann mich begeistern für tolle Gewänder (und nicht erst seitdem ich selbst nähe). Vor einigen Jahren war ich zum Kabarett im katholischen Eichsfeld. Ich hatte im Pfarrhaus übernachtet und wunderte mich über die vielen Fotos, die überall hingen und immer nur ein und dasselbe Motiv zeigten: den damaligen Papst Benedikt im goldenen Gewand. Auf meine Frage hin entpuppte sich das Pfarrhaus als Herberge dieses besonderen Gewandes, und als der Pfarrer mich fragte, ob ich es sehen wollte, wollte ich das natürlich. Ganz ehrlich: Ich bin ein bisschen in Ehrfurcht erstarrt – aber nicht, weil ein päpstliches Gewand zugegen war, sondern über diese phantastische Arbeit einer Stickerin aus einer Paderborner Paramentenschneiderei. Das war so eine schöne Arbeit – sogar die gestickten Wangen von Maria auf dem Chormantel waren leicht gerötet. Und da erkenne ich als leidenschaftliche Sockenstrickerin den unfassbaren Wert und die Hingabe und Leidenschaft dieser Frau, die sich hier ausdrückt. Genau dies entdecke ich in den Paramenten und Gobelins der vergangenen Jahrhunderte, in den Fahnen und Altartüchern, die von den Gemeinde-Paramenten-Frauen so liebevoll bestickt und umhäkelt wurden.

Jetzt habe ich beim Schreiben selbst das Gefühl, ein bisschen trunken zu sein vom Katholischen – aber für mich hat Katholisch-Sein mit Schönheit, Sinnlichkeit, Tiefe, Leidenschaft, Kunst, Begeisterung zu tun.

Mein religiöser Weg ist eng verbunden mit der katholischen Jugendarbeit in den 1970er und 1980ern. Es war nicht nur politisch eine Zeit des Aufbruchs und der Veränderung. Lebhaft erinnere ich mich an die Fastenaktion des katholischen Hilfswerkes Misereor zum Partnerland Südafrika im Jahr 1983. Unter dem Motto »Ich will ein Mensch sein«

positionierte sich Misereor endgültig als politisches Werk an der Seite der Armen und Unterdrückten. In Südafrika herrschte damals das rassistische System der Apartheid, welches Menschen dunkler Hautfarbe diskriminierte. In unserer KJG wurde das Thema intensiv diskutiert und verschiedene Aktionen vorbereitet. Unter anderem in einem Jugendgottesdienst, in dem wir auf Diskriminierungen hier bei uns hinwiesen. So sperrten wir Mädchen den Altarraum für alle (männlichen) Ministranten ab, weil wir Mädchen da ja nicht hineindurften. Dies hat mächtig Ärger gegeben, aber damals wussten wir zumindest den Vikar auf unserer Seite. Und es dauerte nicht lange, da »durften« auch in unserer Kirche Mädchen endlich ministrieren.

Katholisch-Sein war in dieser Zeit tief verbunden mit dem Gefühl, sich einzusetzen für Freiheit und Gerechtigkeit, für Frieden und Bewahrung der Schöpfung. Katholisch-Sein hieß und heißt für mich, mich zu engagieren für Menschen in Unterdrückung und Entrechtung, aufzustehen gegen ungerechte Strukturen in Gesellschaft und Politik, den Mund aufzutun und auf die Straße zu gehen. Insofern war die katholische Jugendarbeit in den 1980ern – und ist vermutlich auch heute noch – ein Ort der Freiheit und des Widerstandes, der Solidarität und der Unterstützung. Die binnenkirchlichen Themen waren damals zweitrangig. Es ging um nichts weniger als die Welt. Wir fanden in den Hauptamtlichen inspirierende und motivierende Gesprächspartner*innen, geistlich-spirituelle Vorbilder.

Zu den prägendsten spirituellen Erfahrungen gehört für mich Taizé. Dreimal war ich dort, und es hat meine Spiritualität maßgeblich beeinflusst. Zum einen diese ganz »neue« Art der Liturgie: die einfachen, meditativen, schier endlosen Gesänge und die einfachen Worte der »Brüder von Taizé«, von Frère Roger, die mir direkt ins Herz gingen. Und weiter: die internationale Gemeinschaft von jungen Menschen, die Gespräche über Grenzen hinweg, die gemeinsame Idee vom Christsein in der Welt. Und natürlich die ganz einfache Lebensweise: schlafen im Zelt, essen aus Plastikschalen, einfachste sanitäre Anlagen. Und bei allem ein Leitmotiv, das mich bis heute nicht loslässt: »Aktion und Kontemplation« – beides gehört zusammen.

Zwei Semester habe ich in Münster Theologie studiert, und hier wurde mein Wachsen und Werden im Katholisch-Sein auf eine neue Ebene »katapultiert«. Nach der ersten Vorlesung im Fach »Exegese Neues Testament« war mein Glaube komplett pulverisiert. Und baute sich zum Glück nach und nach und neu wieder auf. In Münster habe ich gelernt, meinen Glauben, die Bibel, Kirchengeschichte, Dogmatik zu hinterfragen und neu zu verstehen, Wissen kam zum Glauben hinzu, und Erkenntnisse ordneten ihn neu. Es war die Zeit der großen »Lehrer«: Johann Baptist Metz und Tiemo Rainer Peters (Fundamentaltheologie), Arnold Angenendt (Kirchengeschichte), Erich Zenger (Altes Testament) ... Auffallend wenige Frauen!

Die feministische Theologie brachten die Kommilitoninnen ein. Catharina Halkes (»Gott hat nicht nur starke Söhne. Grundzüge einer feministischen Theologie«), Elisabeth Moltmann-Wendel (»Ein eigener Mensch werden. Frauen um Jesus«), Mary Daly (»Jenseits von Gottvater, Sohn und Co«) und viele andere. Die Bücher haben wir verschlungen, denn sie brachten einen völlig neuen Horizont in unser Leben und eine Leidenschaft, die mich bis heute nicht losgelassen hat. Die ersten feministischen Liturgien wurden im Rahmen der Katholischen Hochschulgemeinde gefeiert – ein Ort des Experimentierens und der Freiheit für uns Frauen.

Der Wechsel des Studienortes nach Paderborn an die Katholische Fachhochschule für Religionspädagogik wurde von vielen Münsteraner Freundinnen kritisch beäugt. So hieß es doch damals: schwarz, Münster, Paderborn – was konnte da noch Gutes kommen? Auch wenn ich schweren Herzens gewechselt habe, das Studium in Paderborn hat mir viel gebracht – nicht nur für meine spätere Tätigkeit als Gemeindereferentin. Die Dozent*innen der Fachhochschule verstanden es, Theologie, Theorie und Praxis zu verbinden. Es gab für mich die Möglichkeit, im Glauben und Handeln zu wachsen und vor allem mich selbst zu reflektieren. Die religionspädagogische und pastoraltheologische Theorie wurde immer wieder in ihrem Kontext zur kirchlichen Praxis angeschaut. Und, was das Größte war: Wir wurden gehört und ernstgenommen, mit unseren Ansichten, Einstellungen und Erfahrungen.

Allerdings stand das ganze »katholische Drumherum« im krassen Gegensatz zur offenen Weite an der Fachhochschule.

Im inneren katholischen System habe ich eine Enge und Ängstlichkeit erlebt, die mir damals schon die Luft zum Atmen nahm. So mussten wir im ersten Studienjahr gezwungenermaßen im so genannten Pauluskolleg wohnen. Die Leitung war komplett überfordert mit einem »Haufen« so unterschiedlicher junger Menschen. Und statt sich für Offenheit und Dialog zu entscheiden, gab es Enge, Ängstlichkeit, Vorschriften, verpflichtende Gottesdienste und Gebete, Kontrolle.

Der Frust und die Wut waren in meinem ersten Paderborner Studienjahr so angestiegen, dass wir für das Abschlussfest eine grandiose Idee hatten. Wir machen ein Kabarettprogramm. All die Erfahrungen von Enge und Angst, von Macht und Ohnmacht haben wir in ein grandioses Programm gebracht. Wir haben den Finger in die Wunden gelegt und die Dinge auf die Spitze getrieben. Vielleicht kam das Lachen damals etwas zu kurz – aber diejenigen, die wir kritisieren wollten, waren heftig betroffen.

Der große Satiriker Kurt Tucholsky schrieb einst: »Der Satiriker ist ein gekränkter Idealist – er will die Welt gut haben, sie ist schlecht und nun rennt er gegen das Schlechte an.« Ein großer Satz – aber es ist was dran. Und so möchte ich diesen Satz gern fürs Kirchenkabarett umtexten: »Die Kirchenkabarettistin ist eine gekränkte Idealistin – sie will die Kirche gut haben, sie ist schlecht und nun rennt sie gegen das Schlechte an.«

Die Liebe zum Kabarett war am Ende des ersten Studienjahres entbrannt und hat mich dann nicht mehr losgelassen. Allerdings spielte auch der Zufall mit. Eine unserer Professorinnen (Agnes Wuckelt) erinnerte sich einige Zeit nach dem Ende unseres Studiums an die Frauen-Kirchenkabarett-Gruppe »Lila Schnecken« mit Latzhosen und selbstgebatikten Baumwolltüchern und fragte an, ob wir bei einer Tagung ein Kabarettprogramm zum Thema »Frauen und Kirche« machen würden. Nun waren wir mittlerweile auf ganz Deutschland verteilt, bis auf zwei Frauen, die in Nordrhein-Westfalen, wenn auch in unterschiedlichen Bistümern, tätig waren. Und so taten wir uns zusammen und schrieben ein kritisch-humorvolles Programm. Bei der Tagung des Deutschen Katecheten-Vereins (dkv) war Premiere, und sie wurde ein voller Erfolg. Anscheinend hatten wir einen Nerv getroffen, denn danach bekamen wir eine Anfrage nach der nächsten, und so begann meine nebenberufliche Tätigkeit als Kirchenkabarettistin.

1999 endete meine hauptberufliche Tätigkeit als Gemeindereferentin. Ich möchte nicht ins Detail gehen, wieso – so sagt es die Kirchenkabarettistin: »Nach zehn Jahren Gemeindereferentin in der katholischen Kirche mache ich jetzt sofort 'ne jahrelange stationäre Therapie – oder ich gehe auf die Bühne und mache Kabarett. Und da bin ich!«

Seit mehr als 20 Jahren bin ich eine der wenigen »hauptberuflichen« Kirchenkabarettist*innen bundesweit. »Kommen Sie auch zu uns in den Schwarzwald oder nach Dingelstädt im Eichsfeld?« Na klar! Ich reise kreuz und quer durch Deutschland und bin jedes Mal freudig überrascht, wie offen, humorvoll und kritisch mein Publikum ist – egal ob im ländlichen Raum oder in Großstädten. »Hast Du noch nie Ärger bekommen wegen des Programms?« Diese Frage kennen viele Kirchenkabarettist*innen. Nein, jedenfalls nicht mit den Obrigkeiten. Meine Texte sind nie zensiert worden. Es hat niemals jemand gesagt: »Dieses oder jenes spielen Sie hier aber nicht.«

Natürlich ecke ich manchmal an. In einem ökumenischen Weihnachtsprogramm mit zwei evangelischen Kollegen habe ich vor Jahren »die liebe Göttin« gespielt, die zu Weihnachten endlich auch Geschenke haben möchte. Über 20 Jahren nach Aufkommen der feministischen Theologie sollte das eigentlich kein Problem sein. Aber eine Dame hat sich darüber sehr aufgeregt, dass der liebe Gott eine Frau war. Aber: Da musste sie nun mal durch.

In einem anderen Programm erzählte meine Bühnenfigur, Erna Schabiewsky, von einem Besuch im Krematorium in Holland und dem plötzlichen Verschwinden ihres Gatten Herbert. Nach dem Auftritt stürmte eine Frau völlig außer sich und erbost die Garderobe und beschimpfte mich, dass man darüber keine Witze machen sollte. Zum Glück bin ich Gemeindereferentin und kannte mich noch aus in seelsorglicher Gesprächsführung. Wie sich herausstellte, war ein sehr naher

Verwandter von ihr verbrannt worden, ohne dass sie als Angehörige davon wusste, und es hatte sie zutiefst verletzt.

Bei einer Veranstaltung im Bistum Münster in Anwesenheit des damaligen Bischofs bemerkte ich im Saal lautes Gemurmel und offensichtlichen Unmut und Ärger. Hinterher erzählte mir jemand, da wären zwei Damen vom Verband Katholische Religionslehrerinnen gewesen, die es unmöglich fanden, dass Erna Schabiewsky den Bischof umarmt hat. Gut, das hätte sich Ulrike Böhmer jetzt auch nicht getraut – aber eine Bühnenfigur ist noch zigmal freier als eine Privatperson.

Manchmal glaube ich, dass die Kirchenkabarettist*innen die Rolle der Hofnarren einnehmen. Seit dem 12. Jahrhundert gab es an vielen Höfen einen Hofnarren, geistreiche Spaßmacher, die den »Herren und Damen« des Hofes den Spiegel vorhielten. Die Narrenfreiheit bestand darin, ungestraft Spott treiben, Unbequemes und Verpöntes aussprechen zu dürfen. So komme ich mir auch oft vor. Ich sage Unbequemes, Kritisches, Verqueres, Ärgerliches – offen und auch versteckt, kunstvoll verwoben in skurrile Geschichten, laut und leise. Aber ändert sich dadurch etwas in Kirche? Ja und Nein!

Natürlich hatte ich gerade zu Beginn meiner kabarettistischen Programme die Hoffnung, durch mein Kabarett Strukturen nicht nur zu kritisieren, sondern auch zu verändern. Und sei es nur die Tatsache, dass die alten Frauen in der Gemeinde endlich auch jüngere Frauen und vielleicht sogar Männer Kaffee kochen lassen oder dass lesbische Frauen nicht mehr diskriminiert werden, denn sie machen in der Frauengemeinschaft den besten Eierlikör, und dass Frauen viel besser predigen können, denn sie haben zumeist schon zuhause jahrelang geübt.

Nach vierzig Jahren bin ich da sehr realistisch geworden. Aber doch ändert sich etwas mit Kirchenkabarett. Das Lachen zieht ein in die Gemeindehäuser und Kirchen, in denen ich spiele. Wie wichtig und wertvoll das Lachen ist, hat mir eine alte Frau nach einem Auftritt bewusst gemacht. Sie kam zu mir mit Tränen in den Augen und erzählte vom Tod ihres Ehemannes vor wenigen Wochen. Sie hatte sich total vergraben und die Wohnung kaum verlassen. Dann hatte eine Frau aus der Frauengemeinschaft sie überredet, doch mit zum Kabarettabend zu kommen. Sie saß in der ersten Reihe, und es war eine Freude, zu sehen, wie herzlich sie lachte. Sie bedankte sich bei mir, dass ich ihr an diesem Abend Freude in ihrem Schmerz geschenkt habe, dass sie für zwei Stunden ihre Trauer vergessen konnte und sie von Herzen lachen konnte. Ich bin jetzt sogar noch bewegt, wenn ich dies aufschreibe. Mir wurde damals schlagartig klar, welche positive Kraft das Lachen hat. Und da muss ich jetzt nicht einmal auf Umberto Ecos »Der Name der Rose« Bezug nehmen.

Das Lachen über mich und uns selbst, über unsere Eigenheiten und Schusseligkeiten, über unsere schrägen Angewohnheiten und eingefahrenen Muster, über unsägliche Missstände und unhaltbare Zustände hat eine Kraft und Energie, die uns befreien und ermutigen kann, das Leben zu leben und mutig Veränderung zu gestalten.

Von daher stimmt die Auflistung: »Frau. Katholisch. Frei!«

Liebe Deinen Nächsten wie Dich selbst
Christel Neudeck

Als Frau habe ich mich nie benachteiligt gefühlt, selbst in der Kirche nicht, in der ja die Frauen lange als Rippen des Mannes verstanden wurden, nicht als gleichberechtigte Wesen. Ich konnte mir nicht vorstellen, dass es für Männer angenehm wäre, die Rolle des Besserwissers, des übergeordneten Menschen zu spielen. Und das gab ja die Bibel auch nicht her. Als Kind machte ich mir darüber keine Gedanken. Als erwachsener Mensch rebellierte ich, die Kirche wurde mir unwichtiger. Aber die Botschaft des Neuen Testaments finde ich wunderbar und so klar in ihrer Sprache. Es wäre ein großer Verlust, wenn diese Botschaft nicht mehr gehört würde.

Als unser Sohn Marcel seinen Vater Rupert vor einigen Jahren fragte: »Glaubst du wirklich an Gott, bist du gläubig?«, antwortete ihm dieser: »Spannender finde ich die Frage, ob man überhaupt ungläubig sein kann.« Weil mich Ruperts Glaube an einen barmherzigen Gott so fasziniert hat, möchte ich damit beginnen. Denn mit seinem Glauben war mein verstorbener Mann, Rupert Neudeck, ein Vorbild für mich. Mit ihm habe ich 1979 die Hilfsorganisation Cap Anamur und später auch die Grünhelme ins Leben gerufen. Auf vielfältige Weise haben sie Menschen gerettet und in vielen Ländern soziale Projekte unterstützt.

Der frühere Limburger Bischof Franz Kamphaus sagte über meinen verstorbenen Mann: »Rupert hatte ein unbändiges Gottvertrauen. Er ließ sich durch nahezu nichts davon abbringen, Unmögliches möglich zu machen. Und es auch hartnäckig durchzufechten. Rupert hat letztlich keinen Unterschied gemacht zwischen den Religionen. Weil Rupert einen solchen Glauben hatte, konnte er in Afghanistan den Mullahs auf deren Frage, wie es in Europa mit der Religion stünde, sagen: ›Wir glauben alle an einen Gott, der Himmel und Erde erschaffen hat‹ – und die Türen standen ihm offen für seine humanitären Absichten.«

Aus diesem Grunde war es mir so wichtig, dass während des Trauergottesdienstes nach seinem Tod, 2016 in St. Aposteln in Köln, auch der Schriftsteller, Orientalist und gläubige Muslim Navid Kermani gesprochen hat, der auf meine Frage und den Hinweis, dass Rupert sich freuen würde, antwortete: »Dann gebe ich mein Bestes. Rupert glaubte nicht kleinmütig und nicht kleinkariert, das hat mir gefallen.«

Bischof Kamphaus meinte, dass Rupert im Grunde seines Herzens und seines Verstandes wie ein Kind glaubte. Ein Kind ist neugierig, ohne Vorbehalte und kann wirklich staunen. Im Hohelied der Liebe heißt es: »Als ich ein Kind war, redete ich wie ein Kind, dachte ich und war klug wie ein Kind. Als ich aber ein Mann (eine Frau) geworden war, tat ich ab was Kind in mir war.« (1. Kor 13,11) Und Jesus sagte, wir sollten werden wie die Kinder. Haben wir den Mut dazu?

Meiner Freundin Marlene Zinken berichtete ich einmal davon, wie sehr Rupert an ein Leben und Wiedersehen nach dem Tode glaubte. Wie konnte sich ein Intellektueller so sicher sein? Wir kamen überein, dass es sich hier nicht um einen Widerspruch handelt. Es gibt Untersuchungen, die belegen, dass viel mehr Physiker und Mathematiker gläubig sind als Soziologen und Psychologen. Meine Sehnsucht nach einem solchen Glauben sitzt tief. Nach seinem Tod bat ich Rupert, uns, auch unseren sechs Enkelkindern, diesen seinen wunderbaren Glauben zu schicken, da er ihn ja jetzt nicht mehr brauchen würde; er sei da angekommen, wo er seiner Ansicht nach erwartet wurde.

Ignatius von Loyola, der Gründer des Jesuitenordens und große Heilige der Gegenreformation, bringt mein Glaubensverständnis auf den Punkt: »In allen Angelegenheiten handle, wie wenn du alles und Gott nichts täte; vertraue, als wenn du nichts und Gott alles wäre.«

Diese Maxime half uns, als sich 1979 unser Leben radikal änderte. Über das Südchinesische Meer versuchten vietnamesische Bootsflüchtlinge ihr Land zu verlassen. Täglich sah und hörte man, dass Flüchtlinge ertranken, von Piraten überfallen, Frauen vergewaltigt wurden. Die Situation war furchtbar. Zu dieser Zeit reiste Rupert nach Paris, um seinen alten Mentor aus Studientagen, Jean-Paul Sartre, zu interviewen. Dort traf er André Glucksmann, der ihm erzählte, dass eine Gruppe Franzosen ein Schiff mieten wollte. Allein: Ihnen fehlte das Geld. Rupert schrieb noch auf der Rückfahrt im Zug dem Schriftsteller Heinrich Böll, um ihn um Unterstützung zu bitten. Dieser rief zwei Tage später an und erklärte, dass er mithelfen wolle. Das war im Grunde die Geburtsstunde des Komitees Cap Anamur. Am 9. August 1979 lief von Kobe/Japan das gecharterte Schiff aus und rettete in drei Jahren 11.300 Menschen. Wir ahnten nicht, dass viele Jahre später der frühere Bundestagspräsident Wolfgang Schäuble sagen würde:»Wenn es ein Beispiel dafür gibt, dass Integration keine Bedrohung ist, sondern eine Bereicherung, so ist es die Geschichte der Menschen aus Vietnam, die unter uns leben.«

Schon 1980 folgte das erste Projekt in Somalia. Im selben Jahr wurde unser drittes Kind Milena geboren; oft bekamen wir mehr geschenkt als geplant ... Afrika wurde ein Schwerpunkt der Arbeit, später auch der Kosovo und Afghanistan. 14 Jahre lang war unser Wohnzimmer die Schaltzentrale des Komitees Cap Anamur. Rupert arbeitete für den Deutschlandfunk, ich war zuhause und versuchte die Fäden zusammenzuhalten. Als ich einmal vergessen hatte, den Kindern zu sagen, dass wieder eine größere Versammlung stattfinden sollte, und unser kleiner Sohn überrascht die vielen Leute sah, flüchtete er sich auf den Schoß des einzigen dunkelhäutigen Mitarbeiters, Abdulkarim. Da wusste ich, dass wir den Kindern keine Vorträge über die Vielfalt der Menschen halten müssen, sondern sie selbst erfahren können, dass die Hautfarbe keine Rolle spielt.

»Erfolg ist kein Name Gottes«, sagte der Philosoph Martin Buber. Auch für uns lieben Rückschläge nicht aus. Am 15. Mai 2013 wurden drei unserer Mitarbeiter in Syrien entführt. Wir bekamen trotz täglicher Bemühungen keinen Kontakt zu ihnen. Wie schrecklich eine solche Situation ist, möchte ich hier nicht beschreiben. Am 3. Juli 2013 luden Rupert und Aiman Mazyek zu einem Gebet in die bosnische Moschee und die benachbarte katholische Kirche in Köln ein. Sie vertrauten auf die Kraft des Gebetes. Am nächsten Morgen kam ein Anruf aus der Türkei: Zwei unserer Mitarbeiter (man hatte die drei getrennt) hatten sich selbst befreien können. Während der Gebete hatten sie sich die Füße wund gelaufen. Es ist gut, beten zu können, wenn Hoffnungslosigkeit und Verzweiflung überhandnehmen. Als sich am 3. September auch der letzte Entführte befreit hatte, konnten wir voller Erleichterung und Dankbarkeit hemmungslos weinen.

Unsere humanitäre Arbeit mit dem Komitee Cap Anamur und den Grünhelmen ist hier nicht unser Thema, oder doch? Vor wenigen Tagen bekam unsere Tochter Yvonne, die heute wie ich damals in ihrem Wohnzimmer für die Grünhelme arbeitet, einen Brief von Peer Fidelak, er schrieb unter anderem: »Grüßen Sie Ihre Mutter … Vor 12 Jahren saß ich einmal in ihrem Wohnzimmer, zusammen mit ein paar anderen netten Menschen, die am Ende etwas mutiger waren als ich.… Dieses eine Gespräch mit Ihren Eltern seinerzeit hat mich allerdings nachhaltig beeindruckt. Ich bin kein religiöser Mensch, so wie die meisten mit ostdeutscher Biographie. Aber die Werte, für die Sie und Ihre Eltern und Ihre Organisation tagtäglich absolut glaubwürdig und leidenschaftlich kämpfen, die sind die universelle Sprache der Menschlichkeit. Danke für Ihr Engagement und viel Kraft und Mut weiterhin!«

Wir hatten bei diesen Treffen mit Bewerber*innen für eine Mitarbeit nicht über Religion gesprochen. Dieser Brief hat mich so gefreut, weil es darum geht, die Frohe Botschaft umzusetzen. Jesus wurde von einem Gesetzeslehrer gefragt, welches Gebot das wichtigste sei. Er antwortete: »Du sollst den Herrn, deinen Gott, lieben mit ganzem Herzen, mit ganzer Seele, und mit allen deinen Gedanken. – Ebenso wichtig ist das zweite: Du sollst deinen Nächsten lieben wie dich selbst.« (Matth 22,37-39) Im Grunde versuchen wir bei unseren Projekten dieses Gebot für Menschen umzusetzen, die nicht auf der Sonnenseite des Lebens geboren wurden.

Mein Traum ist, dass die abrahamitischen Religionen sich zusammentun und unsere Welt in einen besseren Zustand versetzen. Es gibt so viele verbindende Quellen und Glaubenssätze. Unsere positive Energie sollten wir miteinander für die Menschen in einer friedlichen Welt einsetzen und nicht gegeneinander. Welche Niederlage ist es doch, dass Katholiken und Protestanten nach über 500 Jahren immer noch getrennt sind.

Im Wallfahrtsort Kevelaer gibt es seit einigen Jahren ein interreligiöses Friedensgebet, ins Leben gerufen von der Ärztin Elke Kleuren-Schryvers und Rupert Neudeck. Vor der Basilika St. Marien beten einmal im Jahr nach einem gemeinsamen Pilgerweg durch die Stadt alle drei großen Religionen gemeinsam. Das geht! Dort am Niederrhein wird eine katholische Kirche geschlossen; nun sind die Überlegungen fortgeschritten, diese Kirche für die abrahamitischen Religionen einzurichten, die hier gemeinsam beten und Veranstaltungen durchführen können.

Woher rührt die Trennung der Religionen? Jesus war Jude und wollte keine neue Religion schaffen. Auch Martin Luther hatte keine neue Religion im Sinn, sondern wollte die katholische Kirche reformieren, was dringend notwendig war. Und heute? Muss sich die Krise in der katholischen Kirche erst noch weiter zuspitzen, damit etwas Neues und dann vielleicht Gemeinsames entstehen kann?

Hier möchte ich drei Mut machende Geschichten zitieren aus den drei abrahamitischen Religionen:

Im Talmud heißt es, dass derjenige, der einen Menschen rettet, die Welt rettet. (Ganz ähnlich im Koran, Sure 5.32: Wer einem Menschen das Leben erhält, soll sein, als hätt er die ganze Menschheit am Leben erhalten. – In der Bibel, Matthäus 25,40: Was ihr für einen meiner geringsten Brüder getan habt, das habt ihr mir getan.) Und: In der Welt gebe es 36 Gerechte. Ohne deren selbstlose Werke könne die Welt nicht bestehen. Niemand weiß, wer diese Gerechten sind und wo sie leben. Sie sind unerkannt, treten aber in Erscheinung, wenn Menschen in Gefahr sind. Wenn einer dieser Gerechten abberufen wird, dann wird ein neuer geboren. Wenn wir uns umschauen, finden wir bedeutend mehr als 36 Gerechte, die wir sogar kennen. Das ist doch ein Trost.

In der Bibel fasziniert mich bis heute die Geschichte vom barmherzigen Samariter: »Ein Schriftgelehrter fragte Jesus: Wer ist mein Nächster? Jesus antwortete: Es war ein Mensch, der ging von Jerusalem hinab nach Jericho und fiel unter die Räuber; sie plünderten ihn und schlugen ihn und ließen ihn halbtot liegen. Es traf sich, dass ein Priester dieselbe Straße hinabzog; und als er ihn sah, ging er vorüber. Desgleichen auch ein Levit. Auch er ging vorüber. Ein Samariter aber, der auf der Reise war, kam dahin. Als er ihn sah, jammerte er ihn und er ging zu ihm, goss Öl und Wein auf seine Wunden und verband sie ihm, hob ihn auf sein Tier; brachte ihn in eine Herberge und pflegte ihn. Am nächsten Tag zog er zwei Silbergroschen heraus, gab sie dem Wirt und sprach: Pflege ihn. Wenn du mehr ausgibst, will ich dir's bezahlen, wenn ich wiederkomme. Wer von diesen dreien, meinst du, ist dem, den die Räuber überfallen haben, der Nächste gewesen? Der Schriftgelehrte sprach: Der, der die Barmherzigkeit an ihm tat. Da sprach Jesus zu ihm: So geh hin und tu desgleichen!« Welch ein Gleichnis! Wenn wir tatsächlich gehen und das Gleiche tun wie dieser in der damaligen Gesellschaft nicht geachtete Samariter, dann wäre unsere Welt eine andere.

Die hochgeschätzte islamische Mystikerin Rabia (714-801) ist in Balkh in der Nähe von Mazar-e Sharif in Afghanistan begraben. Der Theologe Gotthard Fuchs zitierte folgende Geschichte: »Man sah sie durch die Stadt gehen mit einem Eimer Wasser in der einen Hand, mit einer brennenden Fackel in der anderen. Als man sie fragte, was das soll, antwortete sie, sie wolle mit dem Wasser die Hölle löschen und mit der Fackel das Paradies anzünden. Niemand mehr soll Gott anbeten aus Furcht vor der Hölle oder in der Hoffnung auf das Paradies, sondern einzig nur noch um seiner ewigen Schönheit willen.« Das ist Islam, Hingabe, radikale Absichtslosigkeit jenseits von Höllenangst und Paradiesphantasie.

Mehr als zwei Jahre wohnte der junge Afghane Abdullah bei mir. Er versuchte mir humorvoll nahezubringen, dass der Islam die beste der drei monotheistischen Religionen sein. Seine Erklärung: Das neueste I-Phone sei immer besser als die Vorgängerversion. Auch der Islam habe von den vorherigen Religionen – Judentum und Christentum –

lernen können. Wir lachten und waren uns einig, dass diese drei Religionen viele Gemeinsamkeiten haben. Er erklärte mir auch, dass die radikalen Muslime den Koran nicht kennen würden. Wir würden IS sagen, Islamischer Staat, was er schlimm fände, da Attentäter keine Gläubigen seien.

Unter den Religionen ist mehr möglich als man denkt. Während einer Intifada war Cap Anamur beteiligt an einem Projekt in Israel, in Tabgha am See Genezareth. Auf dem Gelände der Benediktiner wurden von jüdischen Physiotherapeuten muslimische Palästinenser behandelt – und das in einem Umfeld, in dem sich Israelis und Palästinenser oft nur als Feinde kennen. Die Projektmitarbeiter weigerten sich, Feinde zu sein.

Heute hat die Kirche es schwer, Gläubige bei der Stange zu halten. Die globale Welt bietet viele Möglichkeiten und Ablenkungen. Früher war ›die Kirche‹ fast die einzige Organisation, in der sich junge Menschen treffen konnten, beispielsweise bei den Pfadfindern. Dieses Alleinstellungsmerkmal hat sie verloren. Natürlich gibt es auch andere schwerwiegende Gründe für den Vertrauensverlust der Gläubigen.

Nicht wenige Priester leiden an ihrer Kirche. Hätten sie etwas dagegen, wenn Frauen Priesterinnen würden? Manche Frauen möchten das. Aber die katholische Kirche denkt nicht daran, Männer und Frauen gleich zu behandeln. Wenn man in Rom die vielen Männer in Frauenkleidern sieht, die den Frauen sagen, dass sie nicht vollwertig sind, ist man manchmal erstaunt, dass nicht mehr aktive Frauen streiken. Bisher habe ich keine Antwort auf die Frage gefunden, warum diese Herren eine solche Angst vor den Frauen haben.

Die Jungfrau Maria wird verehrt, die ja rein ist und nach der Lehre von Gott und nicht von Josef schwanger wurde. Auch Muslime glauben, dass der Prophet Jesus von einer Jungfrau geboren wurde. Als ich meinem Pflegesohn sagte, dass diese Geschichte auf einer falschen Übersetzung beruhe, da heiße es »junge Frau« und nicht »Jungfrau«, fragte er: Und wer ist dann sein Vater? Na, Josef wohl, antwortete ich ihm. Nun hielt er mich für ganz ahnungslos. – Immerhin werden Frauen nach einer Geburt nicht mehr ausgesegnet. Im Volksglauben galten sie vier bis sechs Wochen nach der Entbindung als »unrein«. Gottesdienste durften sie während dieser Zeit nicht besuchen. Erst ein spezieller Ritus hob diesen Bann auf. Woher kommt diese Leibfeindlichkeit, die sogar Naturgesetze ignoriert?

Ich schätze Papst Franziskus sehr. Er hat ja nicht nur die roten Papstschuhe verweigert, sondern reiste zuerst nach Lampedusa zu den Flüchtlingen und setzte damit ein Zeichen. Es ist erstaunlich, wie offen und frei er Probleme anspricht. Es ist schön zu sehen, wie er zum Beispiel mit einem kleinen Fiat vor den Palast des türkischen Präsidenten Recep Tayyip Erdoğan vorfährt. Aber die Frage der Gleichberechtigung von Mann und Frau geht auch Franziskus nicht an. Ob er selbst glaubt, dass eine Frau unwürdig ist, ein Weiheamt auszuführen, oder ob er die Kurie in Rom fürchtet?

Gleichgeschlechtliche Paare werden noch immer nicht selbstverständlich gesegnet, geschiedenen wiederverheirateten Paaren ist die Teilnahme an der Eucharistie nicht überall erlaubt. Das ist unbarmherzig. Zahllose Kirchenaustritte sind die Folge. Vielleicht muss die so verfasste Kirche sich neu aufbauen. Das Neue Testament könnte ein wunderbarer Kompass sein mit seinen Gleichnissen. Wenn die Kirche sich darauf besinnt, können sich neue Wege auftun. Jesus war klar in seinen Botschaften: Als eine Frau gesteinigt werden sollte, sagte er nur: »Wer von euch ohne Sünde ist, der werfe den ersten Stein.« Und die Hardliner verzogen sich. Dass der Mann, der ja auch an der »Sünde« beteiligt war, unbehelligt blieb, will ich bis heute nicht verstehen.

Während dieser Niederschrift gibt es Hoffnung, dass mit dem Reformprozess Synodaler Weg ein neues Kapitel aufgeschlagen wird und die Unbarmherzigkeit in der katholischen Kirche ein Ende findet. Reformen würden den Blick frei machen für die biblischen Botschaften, die ein Schatz der Kirche sind.

Die Kraft des Evangeliums kann berauschend sein. Hier möchte ich Beispiele bringen: Rupert und ich besuchten immer wieder die Laienbewegung Sant'Egidio im römischen Stadtteil Trastevere. Oft ist die Kirche voll mit jungen Leuten. Das soziale Engagement ist selbstverständlich für sie. Unser Sohn nannte es statt Theologie »Tuologie«.

Diese Gemeinschaft Sant'Egidio leistet Großartiges. Ab 1998 trug sie dazu bei, den Frieden in Mosambik wiederherzustellen. Er hält bis heute. Wie haben sie das hinbekommen? Sie luden die feindlichen Lager immer wieder nach Rom ein, um miteinander zu sprechen. Kein Politiker war dabei. Der römische Staat gab die Visa, der Vatikan unterstützte die Reisen finanziell. Nach Jahren dann der Durchbruch: Beide Seiten unterzeichneten einen Friedensvertrag. Die katholische Laienorganisation ist unabhängig, sie verbindet mit ihrer Arbeit keine politischen oder wirtschaftlichen Interessen. Das Evangelium ist ihr Kompass. In dem großen Haus in Trastevere sind alle willkommen, niemand wird gefragt, woher er oder sie kam. Die Polizei respektiert das. Vielleicht geht das nur in Italien ... Noch ist es ein Traum, dass eine solche Gemeinschaft Frieden schaffen kann zwischen Israel und Palästina.

Ein zweites Beispiel für die Kraft aus dem Glauben an diesen barmherzigen Gott und die Botschaft Jesu ist Abbé Pierre. Der katholische Priester und Kapuziner starb 2007 mit 94 Jahren in Paris. Abbé Pierre arbeitete während des Zweiten Weltkrieges in der französischen Résistance und half jüdischen Flüchtlingen. Beeindruckt war er von Franz von Assisi und dessen Vorstellung von einer Kirche der Armen. Abbé Pierre gründete die Emmaus-Bewegung, die heute in 43 Ländern vertreten ist. Mit teilweise spektakulären Aktionen setzte er sich mit großem Erfolg für Obdachlose ein. Er gab den an den Rand Gedrängten ein Gesicht und eine Stimme. Sein Blick ging über das eigene Land hinaus. Nachdem er 1995 Sarajevo besucht hatte, plädierte er für einen NATO-Einsatz und sagte: »Feigheit ist schlimmer als Gewalt.« Ich erwähne das, weil ich so gut erinnere, dass wir für einen solchen Einsatz im Kosovo waren. Vorher hätten wir uns nie vorstellen können, so eine Einstellung zu haben. Alle diplomatischen Verhandlungen hatten das Elend nicht stoppen können, es war wirklich furchtbar. Selbstverständlich plädiere ich nicht grundsätzlich für eine Lösung von Konflikten mit Hilfe der NATO, schon gar nicht im Krieg in der Ukraine mit einem Aggressor, der Atomwaffen besitzt.

Abbé Pierre sagte auch, die Kirchen sollten sich von der römischen Bevormundung befreien. Dann könne die römisch-katholische Kirche wieder »ganz evangelisch« werden. Er befürwortete das Priestertum der Frauen. Trotz dieser herausfordernden kompromisslosen Haltung stand Abbé Pierre in Frankreich 30 Jahre lang auf der Liste der beliebtesten Menschen auf Platz eins, bis er sich selbst dort streichen ließ.

Es gibt Leuchttürme im kirchlichen Leben. Neben vielen sozialen Einrichtungen innerhalb der kirchlichen Strukturen ist das für mich die Telefonseelsorge. Dort arbeitete ich zehn Jahre lang als Ehrenamtliche. Die Ausbildung war hervorragend. Unsere Hauptaufgabe ist das Zuhören. Viele Menschen sind einsam, sie haben niemand, mit dem sie sprechen können. Auch psychische Probleme sind erdrückend. William Faulkner hat im »Requiem für eine Nonne« geschrieben, dass der Mensch doch gar nichts anderes wolle als einen Menschen, der ihm zuhört. Die Diebe und Mörder seien deshalb solche geworden, weil sie niemanden hatten, der ihnen zugehört habe. Darüber sollte man nachdenken und die Kultur des Zuhörens auch in den Familien mit den Kindern pflegen. Wenn wir nichts voneinander wissen, können wir auch nicht aufeinander zugehen und uns gegenseitig helfen. Die Anonymität ermöglicht vielen Anrufer*innen ein offenes Wort.

In der Psychotherapie gibt es eine Methode, die darauf abzielt, dass man sich gedanklich auf den Stuhl des Anderen setzt. Es ist vielleicht der Stuhl des Menschen, der einem zusetzt und den man nicht versteht. Wenn man es schafft, sich von seinen eigenen Vorurteilen zu befreien und sich auf den Anderen wirklich einzulassen, hilft das. Man spürt dann die Angst des Flüchtlings vor der Ablehnung, das Heimweh, das ihn schüttelt, auch die unrealistischen Erwartungen an Deutschland. Oder man merkt, dass der eigene Partner Erwartungen vielleicht gar nicht erfüllen kann. Damit sind Probleme noch nicht gelöst, aber man hat die Chance, sich ihnen anders zu nähern.

Bei einem ganz intensiven Gespräch habe ich den Anrufer gefragt, ob ich seine Geschichte aufschreiben dürfe. Er erlaubte es. Deshalb kann ich dieses Beispiel kurz schildern. Er deutete an, dass er psychische Probleme hat und ein schlechter Mensch sei. Offenbar war er bei der Fremdenlegion gewesen. Bei einem Einsatz in einem Dorf sei er auf ein kleines Mädchen gestoßen, das ihn mit ihren kleinen Fäusten auf seinen

Bauch geschlagen und geschrien habe: »No water, but you shoot« – »Du hast kein Wasser, aber du schießt«. Als Zuhörerin stockte mir der Atem. Ließ sich ein Söldner auf diese Weise attackieren?

Das Mädchen sei weggelaufen, und er habe bedauert, kein Wasser zu haben. Nach diesem Erlebnis habe er nie wieder eine Waffe in die Hand genommen. Das Mädchen sei sein Schutzengel gewesen. Der Mann sagte auch, dass er gläubig sei: »Wir alle sind auf der Suche nach etwas, was uns schon gefunden hat. « Ich sagte ihm, dass es ein Verzeihen gebe. Wie sehr ich ihm wünschte, dass sein Schutzengel auf ihn achte. Seine Geschichte hat mich sehr bewegt.

In jedem Leben – vermute ich – gibt es Geschehnisse, die man im Nachhinein schmerzhaft bedauert. Man muss sich mit seinem Leben versöhnen, um glücklich sein zu können. Und auf Vergebung hoffen.

Nun mögen Sie vielleicht fragen, was hat das alles mit dem Thema zu tun, wie Frauen katholisch und frei leben können? Für mich hat alles damit zu tun. Was nutzen die wunderbaren Geschichten des Neuen Testaments, wenn sie nicht umgesetzt werden?

Ich bin am Niederrhein aufgewachsen. Dort war es ganz selbstverständlich, dass die Kirche höchste Autorität besaß. Jeden Morgen vor der Schule gingen wir in die Messe, alle drei Wochen zum Beichten. In meinen Jugendjahren klopfte einmal ein Zeuge Jehovas an die Tür. Im Gespräch sagte er, Papst Pius habe mit dem Hitler-Regime einen Vertrag abgeschlossen. Ich konnte das nicht glauben, fühlte mich belogen – und musste mich doch eines Besseren belehren lassen. Zum ersten Mal kamen mir Zweifel an der allmächtigen Kirche meiner Kindheit. Sollte sie fehlbar sein?

Als Kind und Jugendliche hatte ich in der Kirche Regeln zu befolgen. In dieser Welt spielte das Thema Schuld eine große Rolle. Dass sich diese Welt geändert hatte, wurde mir bewusst, als unsere Tochter zum ersten und einzigen Mal beichten sollte. Ich saß am Schreibtisch und hörte das Gespräch zwischen ihr und ihrem jüngeren Bruder. »Ich habe eine Sünde gefunden, ich habe meinen Bruder geärgert«, verkündete sie froh. Dieser Bruder war überhaupt nicht damit einverstanden, dass er auf diese Weise ins Feld geführt wurde, und antwortete: »Du kannst mich gar nicht ärgern; dann sage ich, dass ich Dich auch geärgert habe.« Da wusste ich, manche Dinge verändern sich zum Guten. Heute ist Religion im Westen zunehmend eine private Angelegenheit. Ist das eine Chance für die Kirche, sich wieder zu besinnen auf das Evangelium und den Müll wegzuräumen, der sich im Laufe der Jahrhunderte angesammelt hat? Frei zu werden durch die Botschaft des barmherzigen Gottes? Böses mit Gutem überwinden. Geht das?

Der UN-Generalsekretär und Mystiker Dag Hammarskjöld, ein tiefgläubiger Mann, sagte 1952: »Mich durchschwebt die Vision von einem seelischen Kraftfeld, geschaffen in einem ständigen Jetzt von den vielen, in Wort und Tat ständig Betenden. ... Der Schlüssel zum Menschheitstraum Frieden heißt Vergebung. Wir alle haben den Kindheitstraum in uns: das Wunder, dass doch wieder heil würde, was in die Brüche gegangen, oder was kaputt gemacht wurde. ... Der Weg zur Heilung geht in unserer Zeit notwendig über das Handeln.« Angst ist manchmal wichtig, oft aber lähmt sie uns. Dabei sagt Jesus zu dem Gelähmten am Teich von Betesda: »Steh auf und geh.« Ein Auftrag an uns alle.

Unsere Mütter

Die, die immer anruft, wenn ich unter der Dusche stehe.
Die, die mit den Engeln sprach.
Die, die mich hielt, als ich winzig noch.
Die, die sich sorgt, auch wenn man sagt: tus nicht.
Die, die Nuancen durch das Handy hört.
Die, die so fein duftet, wie keine sonst.
Die, die ewig auf einem Esel ritt.
Die, die ahnte, dass die Schornsteine Menschen ausatmeten.
Die, die manchmal nur seufzt und damit alles erklärt.
Die, die den Ochsen noch fütterte, bevor die Fruchtblase platzte.
Die, die den Männern mit Myrrhe, Weihrauch und Gold gerne Tee
angeboten hätte.

Die, deren Kleider ich heute noch trage:

Dies ist ihr Mantel, er ist blau und in seinen Falten ruhen Welten.

Nora Gomringer

Glaube gegen Angst für Vertrauen
Gesine Schwan

Meine Eltern haben mich nicht katholisch taufen lassen, obwohl meine Mutter katholisch war. Denn mein Vater, Jahrgang 1897, war als Freiwilliger 1914 »für Thron und Altar« in den Ersten Weltkrieg gezogen, wurde ein Jahr später verschüttet, bekehrte sich ab dann zum Pazifismus und trat aus der evangelischen Kirche aus, weil sie – wie er sich ausdrückte – diesseits und jenseits der Grenzen »die Waffen gesegnet« hatte. Kirchendistanz (biographisch zwischen Antiklerikalismus und Atheismus schwankend) und eine starke Verbundenheit mit der Aufklärung hat ihn dazu bewogen, seine Kinder nicht taufen zu lassen, was für meine katholische Mutter damals bedeutete, dass sie nicht zu den Sakramenten gehen konnte.

Sie nahm meinen Bruder und mich aber mit zur Messe, wogegen mein Vater nichts einzuwenden hatte. Auch gegen eine eventuelle spätere Entscheidung unsererseits, uns taufen zu lassen, stellte er sich nicht. Er wollte nur, dass wir das selbst entscheiden. Mein Bruder ist bis heute ein »armes Heidenkind« geblieben, während ich mich mit 21 Jahren katholisch habe taufen lassen. Damit war mein Vater durchaus einverstanden. Und im hohen Alter hatte er meine »Nähe zum Himmel«, glaube ich, ganz gern.

Während meiner Jugend ging ich mit mehr Engagement und regelmäßiger zur Messe als meine Mutter. Zu Beginn meines Studiums war mir dann klargeworden, dass der christliche Glaube für mich eine existenzielle Bedeutung hatte, zu der ich mich bekennen und mich deshalb taufen lassen wollte. Davor beschäftigte ich mich allerdings erst einmal intensiver mit evangelischer und katholischer Theologie. Helmut Gollwitzer, Rudolf Bultmann, Karl Rahner, Johann Baptist Metz, das Zweite Vatikanische Konzil, Johannes XXIII. und nicht zuletzt der polnische Philosoph Leszek Kołakowski, über den ich Ende der 1960er Jahre meine Doktorarbeit schrieb, wurden für mich wichtige Autoritäten, mit denen ich mich auseinandersetzte. Kołakowski war Ende der 1940er Jahre als junger Mann mit kommunistischen Polemiken gegen die polnische katholische Kirche gestartet, was nach seiner »revisionistischen« Wende in den 1950er Jahren in ernsthafte religionsphilosophische Abhandlungen mündete. In allen meinen Auseinandersetzungen hatte ich mir die Aufforderung meines Vaters, mir selbst ein Urteil zu bilden, zu eigen gemacht.

Am Ende ließ ich mich katholisch, nicht evangelisch taufen. Dabei spielte sicher eine Rolle, dass mir die Heilige Messe vertraut war und ich Weihrauch gern mochte. Wichtiger aber war für mich die Weichenstellung, dass im Verständnis des großen theologischen Ahnherrn der katholischen Kirche Thomas von Aquin die menschliche Natur nicht völlig von der Erbsünde verderbt war, ich mithin mein Zutrauen zu meinen natürlichen Regungen, zu meinem Denkvermögen und meiner Vernunft bewahren konnte – der »Heide« Aristoteles wirkte eben über den Scholastiker Thomas von Aquin nach. Es hätte mir widerstanden, meinen spontanen sinnlichen Wahrnehmungen und Gefühlen, auch meinen Überlegungen immer mit Misstrauen, sie seien eigentlich von der Erbsünde verderbt, begegnen zu müssen. In der Tradition meines ehemals evangelischen Vaters durfte ich weiter meiner Urteilskraft folgen, um die ich mich freilich auch zu bemühen hatte. Einer innerweltlichen Autorität über meinem Gewissen musste ich mich nach Thomas von Aquin auch nicht beugen, nicht einmal dem Papst. Es ging mir immer um Gewissensfreiheit, gegen jede Unterwürfigkeit.

Deshalb war die Gewissenstheorie von Thomas von Aquin für mich wichtig, vor der die oft oberflächlich vorgetragene Gehorsamsforderung gegenüber dem angeblich unfehlbaren Papst keinen Bestand hat.

Man kann sich im 21. Jahrhundert sicher nicht einfach der Theologie und Philosophie des Thomas von Aquin verschreiben. Die Geschichte der Philosophie hat viele Grundgewissheiten der Scholastik und also auch des Thomas von Aquin infrage gestellt. Es wäre überdies ein unvertretbarer Verstoß gegen kritisches offenes Denken, wollte ich meinen Glauben philosophisch-metaphysisch bewahrheiten. Leszek Kołakowski hat die Unmöglichkeit eines solchen Unterfangens mit seiner Abkehr vom Marxismus in seiner Schrift »Die Gegenwärtigkeit des Mythos« (1965) bekräftigt und zugleich darauf hingewiesen, dass wir auf einen philosophisch nicht zu rechtfertigenden Glaubenssprung angewiesen sind, schon wenn wir an Begriffen wie Wahrheit, dem Guten oder dem Bösen als transzendenten, nicht aus der Empirie herleitbaren Begriffen festhalten wollen.

Mir ist deshalb bewusst, dass eine Glaubensprämisse erforderlich ist, wenn man der Theologie des Thomas von Aquin folgen will. Mir geht es auch nicht darum, seine mutmaßlich unzweifelhafte Überlegenheit über andere theologische Ansätze der katholischen oder der evangelischen Theologie zu behaupten. Vielmehr bedeutet mir Thomas von Aquin angesichts seiner nach wie vor anerkannten Autorität in der katholischen Kirche einen willkommenen »Schutzschild« gegen Gehorsamsforderungen, die die Kirche an mich stellen könnte. Gegen seine Gewissenstheorie käme sie nicht an!

In ihr spielt eine zentrale Rolle, dass Thomas von Aquin eben die Natur des Menschen, vor allem auch seine natürliche Vernunft, als von Gott geschaffen und nicht durch die Erbsünde zerstört anerkennt. Deshalb können Glaube und natürliche Vernunft nicht im Gegensatz zueinander stehen.

Wie die Gnade – nach einer berühmten Formulierung des Thomas von Aquin – die Natur voraussetzt und sie vollendet (Summa Theologiae, I,1, 8 ad 2:»cum enim gratia non tollat naturam sed perficiat«), so setzt auch der Glaube die natürliche Vernunft voraus und vollendet sie. Darauf baut auch seine komplexe Gewissenstheorie auf. Im Kern nimmt Thomas von Aquin an, dass Gott eine natürliche Vernunft über die Prinzipien des richtigen Handelns (*synderesis*) in uns eingesenkt hat (das Gute ist zu tun, das Schlechte zu unterlassen) und dass wir diese in unserem Gewissen (*conscientia*) auf die einzelnen Fragen des rechten Handelns anwenden können und müssen. Dabei können wir nicht über die grundlegenden Prinzipien, wohl aber über die konkrete Anwendung auf Einzelentscheidungen irren. Aber selbst wenn wir irren, müssen wir unserem Gewissen folgen, auch wenn wir dann »objektiv« nicht das Gute tun. Denn das Gute muss durch unseren Willen geschehen, wir können es nicht als willige Vollstrecker etwa der Befehle der Kirche verwirklichen. Unsere Vernunft und unser Wille müssen mit dem göttlichen Gesetz übereinkommen. Weder die subjektive Form des Gewissens allein noch die »objektive« Übereinstimmung mit dem göttlichen Gesetz reichen für eine richtige Gewissensentscheidung aus. Ob sie das jeweils tun, darüber kann die Kirche nicht entscheiden.

Den bequemen Weg, unser Gewissen bei der Kirche abzugeben, hat uns Thomas von Aquin damit versperrt. Wir können unsere Freiheit nicht nur leben, wir müssen das auch tun, mit der belastenden Gefahr des Irrens. Aber im Glauben dürfen wir annehmen, dass Gott uns nicht absichtlich in die Irre führt, wenn wir uns um das Gute bemühen. Und das ist ein Unterschied ums Ganze. Die bejahende Einstellung zur menschlichen Natur, zur Sinnesfreude, ein grundsätzliches Wohlwollen gegenüber den Menschen, auch in ihrer Fehlbarkeit, gehörten zu meinem Selbstverständnis und fühlten sich in der katholischen Kirche besser aufgehoben als in der evangelischen. Von außen betrachtet wirkt die katholische Kirche mit dem Papst an der Spitze freilich viel autoritärer als die evangelische. Und man muss wahrlich als evangelischer Christ nicht autoritär sein. Aber für sein Heil nur von Glauben und Gnade abhängig zu sein, ohne selbst etwas tun, also durch gute Werke etwas bewirken zu können, spiegelte mir ein Bild der Ohnmacht und Hilflosigkeit meiner Person. So empfand ich mich nicht.

Aber es bleibt ein Gegensatz oder zumindest ein Unterschied zwischen der empirischen katholischen Kirche und der katholischen theologischen Tradition. Die Kirche als Autoritäts-Institution hat sich oft autoritär gebärdet und sich viel länger auf einen latent autoritären Glauben als ein »Für-wahr-Halten« und als eine Grundeinstellung des »Gehorsams« fixiert als die evangelische Theologie. Die hat Glaube spätestens im 20. Jahrhundert als »Vertrauen« auf Gott gedeutet, das man nicht autoritär erzwingen kann, sondern freiwillig und auch eigenständig aufbringen muss.

Andererseits hat die katholische Theologie mit ihrem Vertrauen in die gute Schöpfung und in die Natur des Menschen ein Grundverständnis des personalen Eigenstandes vertreten, das ihrer autoritären Praxis oft widersprach, meinem Selbstverständnis aber entgegenkam. Der empirische kirchlich-katholische Autoritarismus misstraut dagegen – anders als dies bei Thomas von Aquin angelegt ist – der Fähigkeit der Menschen, als Geschöpfe Gottes und als seine Partner im Schöpfungswerk ihren Weg eigenständig finden zu können.

Noch mehr gelten diese Defizite der kirchlichen katholischen Praxis für das Verständnis der Frau und der menschlichen Sexualität. Eva hat Adam zur Sünde verführt. Frauen verführen Männer zur sündhaften Sexualität. Diese Vorstellung ist historisch tief in das Frauenbild der katholischen Kirche eingesenkt – trotz der großartigen auch eigenständigen Rolle Mariens. Die Idee, dass sexuelles Einvernehmen nur durch Fortpflanzung legitimiert ist, wie die Enzyklika Humanae vitae das suggeriert, empfinde ich nicht nur als völlig lebensfremd, sondern auch im Widerspruch zur guten Schöpfung Gottes. Natürlich können das Einvernehmen und die Freude an der Sexualität nicht gelingen, wenn die Partner sich zur Selbstbefriedigung gegenseitig instrumentalisieren. Sich sexuell zu beschenken verlangt viel Einfühlungsvermögen und das gegenseitige Ernstnehmen unserer Personalität. Wenn man sie aber von vornherein unter Sündenverdacht stellt, kann diese Möglichkeit, die uns Gott eröffnet, nicht gelingen.

Im Kern haben mich aber die empirische Frauen- und Sexualitätsfeindlichkeit nicht tangiert, ich habe sie immer aus dem Herrschaftsbedürfnis und der intellektuellen wie menschlichen Beschränktheit und Ängstlichkeit kirchlicher Autoritäten gedeutet, auf die mich mein Glaube an Gott nicht verpflichtete. Im Gegenteil: Er befreite mich davon, weil diese Herrschaftsbedürfnisse gegen das Bekenntnis zum Grundgebot der Liebe stehen.

Freilich hat die frauen- und sexualitätsfeindliche Tradition der katholischen Kirche in meiner Sicht einen erheblichen Anteil an den nicht aufhörenden Skandalen des Kindesmissbrauchs in ihr. Den gibt es zwar auch in anderen Kirchen und überhaupt in allen Organisationen, in denen Erwachsene mit Kindern und Jugendlichen zu tun haben, die ihnen als Autoritäten anvertraut sind. Aber viel spricht dafür, dass der unehrliche Umgang mit der natürlichen Sexualität den unehrlichen Umgang mit dem Missbrauch und dessen Vertuschung begünstigt, dass er überdies eine verführerische und irreführende Attraktivität auf junge Männer ausübt, die mit ihrer Sexualität nicht zurechtkommen, das Priesteramt anzustreben, und dass er die Macht der institutionellen Hierarchie und die Neigung zum blinden Gehorsam steigert. Wenn sich überdies namhafte Vertreter der Kirche, die sich nicht zuletzt um die Gewissensbildung der Gläubigen kümmern sollen, zur Abwehr ihrer Verantwortung für Missbrauch und Vertuschung so simpler Ausflüchte bedienen wie: Sie seien an schuldhaften Entscheidungen nicht beteiligt gewesen beziehungsweise sie könnten sich nicht erinnern – dann steht das in schreiendem Gegensatz nicht nur zu den sophistischen Ausführungen, die aus dem Kirchenrecht zur Entlastung angeführt werden.

Es übt vor allem Verrat am Auftrag der Kirche, die Frohe Botschaft von der Liebe Gottes und von Jesus Christus zu verkünden und den Menschen zu helfen, dieser Liebe für sich selbst und für die anderen den Weg zu bahnen und ihr Raum zu geben. Denn es unterminiert das Vertrauen in die Kirche als Überbringerin der Botschaft und damit sie selbst. Die Weitergabe der Frohen Botschaft aber ist für mich der entscheidende Grund, trotz der Skandale nicht aus der Kirche auszutreten, denn sie braucht die Stützung durch die Gemeinde der Gläubigen. Diese muss allerdings immer wieder kritisiert und ihrem Auftrag entsprechend reformiert werden – in den Worten des evangelischen Theologen Karl Barth: »Ecclesia semper reformanda est.« Austreten ist für mich deshalb keine Option.

Aber was ist die Frohe Botschaft? Angesichts von Tod, Verzweiflung und grassierender Ungerechtigkeit, angesichts des Unheils in der Welt ist sie für mich: dass dies nicht die letzte Antwort ist. Gott hat uns zugesagt hat, dass die Welt zum Guten geschaffen worden ist, dass sie dem Heil, nicht dem endgültigen Untergang geweiht ist. Daran dürfen wir glauben, darauf können wir vertrauen. Aber nicht so, dass wir die Hände in den Schoß legen dürfen. Gott hat uns nämlich zugleich als seine Kinder und seine Partner aufgefordert, an der guten Schöpfung mitzuarbeiten. Anlass dafür gibt es täglich seit der Vertreibung aus dem Paradies und dem in der Genesis gleich darauf eintretenden tödlichen Kampf zwischen Kain und Abel.

Kann ich meinen Glauben begründen? Sicher nicht im Sinne eines metaphysischen Gottesbeweises oder einer Ableitung aus Axiomen. Mein Glaube ist ein immer erneuter Sprung, er erfordert Mut, er kommt nicht aus eigener Kraft, er lebt nicht ohne Zweifel, er ist ein Geschenk aus Gottes Gnade, um das ich mich aber immer auch bemühen muss und kann. Wenn man mit offenen Augen durch die Welt geht, heißt Glaube oft: »Dennoch!« Das ist logisch vielleicht zirkulär oder widersprüchlich, aber alle Versuche, den Glauben durch logische Schlussfolgerung zu begründen, sind philosophisch gescheitert.

Wenn ich glaube, vertraue ich – wie im innerweltlichen zwischenmenschlichen Verhältnis – auf ein persönliches Versprechen. Gott spricht mich direkt an, er hat seine Schöpfung nicht einfach hinterlassen und sich dann davongemacht. Er bleibt als Partner und Unterstützer lebendig bei uns. Und er nimmt uns in die Pflicht. Wir können uns nicht einfach auf die Sorge um unser privates Glück zurückziehen. Wir müssen uns kümmern um die Schöpfung, um die Welt, um unser Land, um die Menschen, auch um Politik.

Woran orientieren wir uns beim partnerschaftlichen Mittun am Heil der Welt? Das Prinzip der Partnerschaft und der gleichen Gotteskindschaft steht innerweltlich für die Gleichheit der Menschen, für ihre gleiche Würde. Unterwürfigkeit, Demütigung, Gewalt, »natürliche« Hierarchien (Patriarchat oder Matriarchat) vertragen sich damit nicht. Über allem aber gibt es das umfassende »Große Gebot« der Liebe, an dem wir uns orientieren dürfen und sollen.

»Du sollst den Herrn, deinen Gott, lieben in deinem ganzen Herzen, in deiner ganzen Seele und in deinem ganzen Denken!‹ Dies ist das

Große und erste Gebot. Ein zweites ist ihm gleich: ›Du sollst deinen Nächsten lieben wie dich selbst!‹ An diesen beiden Geboten hängt das ganze Gesetz und die Propheten.« (Mt 22,37-40) So antwortet Jesus den Pharisäern auf deren Frage nach dem höchsten Gebot.

An vielen Stelle des Neuen Testaments wird der Vorrang der Liebe beschrieben. Sie ist ein facettenreiches Gefühl, eine Einstellung und eine Haltung, die uns oft einiges abverlangt. Wir lieben unseren Partner anders als unsere Kinder und Eltern, unsere Freunde und – unsere Feinde. Denn auch sie sollen wir lieben, sagt Jesus in der Bergpredigt. Die Feindesliebe ist in ähnlicher Form in vielen Religionen und in allen drei monotheistischen ohnehin geboten. Gibt es in dieser breiten Auffächerung von Liebe etwas Gemeinsames?

Die Liebe lässt Gegensätze oder Konflikte, persönliche, aber auch zum Beispiel Konflikte über die politische Gestaltung der Welt, nicht verschwinden. Aber sie ist ständig darauf aus, Gerechtigkeit und Wohlergehen aller, auch unserer Feinde, als oberste Richtschnur im Blick zu behalten, sich nicht durch den Hass in Richtung Zerstörung treiben zu lassen, sondern unermüdlich, auch wenn es emotional schwerfällt, Wege zu suchen, die auch den Gegnern oder den Fremden gerecht werden können.

Dazu braucht es ein grundsätzliches Wohlwollen gegenüber den Menschen, auch als Prinzip der Hermeneutik in der Verständigung, also in der Deutung dessen, was unsere Gegner sagen oder uns antun. Das in der Praxis in der amtlichen Kirche oft vorherrschende autoritäre Menschenbild des Misstrauens und des anthropologischen Pessimismus steht dazu im Gegensatz. Lieben heißt, immer auf das Wohlergehen der »geliebten« Person gerichtet zu bleiben. Dazu können, ja müssen auch Widerspruch und Widerstand gehören. Selbst rechtlich begründete Strafen können ein Ausdruck der Liebe sein, wenn sie auf die persönliche Stärkung, nicht auf die Schwächung oder gar Vernichtung der bestraften Person zielen (Resozialisierung statt Vergeltung).

Was der jeweiligen Person guttut, kann nicht generell gesagt werden, darüber gibt es auch Streit. Aber beim Gebot der Liebe geht es nicht um Paragraphen oder feste Definitionen, sondern um eine Haltung, die uns von der Schädigung beziehungsweise Zerstörung des anderen, des Gegners, die oft in Selbstzerstörung mündet, zurückhält. Den Gegner vernichten zu wollen (etwa im Sinne Carl Schmitts), ist nicht christlich.

Orientierung bezieht sich auf das Motiv des Handelns und auf die Ausrichtung. Wir können nur selbst prüfen und erkennen – ganz analog zur Frage nach unserer persönlichen Schuld – aus welchem Motiv wir handeln. Die Ausrichtung kann man allerdings auch »von außen« beurteilen.

Kann man das Liebesgebot mit nicht-theologischen, innerweltlichen Gründen plausibilisieren? Nicht im Sinne eines nachgeschobenen Gottesbeweises, aber doch als Unterstützung des Glaubens und als Brücke zu Nicht-Gläubigen? Psychologisch spricht man zuweilen von der paradoxalen und überraschenden Wirkung eines Handelns, das Aggressivität mit Freundlichkeit beantwortet und damit ein neues, friedlicheres oder entspannteres Verhalten des Aggressors hervorlockt. Bei persönlichen Begegnungen kann man diese Erfahrung immer wieder machen. Aber gilt das zum Beispiel auch, wenn man politische Entscheidungen fällt, die andere binden oder betreffen?

Max Weber hat diese Grundfrage paradigmatisch behandelt. Sie ist heute vielleicht noch komplexer, so dass seine Unterscheidung zwischen Gesinnungs- und Verantwortungsethik nicht ausreicht. Jedenfalls verlangt das Gebot der Liebe, in dem es immer um unser persönliches Verhältnis zu anderen Menschen geht, dass wir verantwortlich, d. h. nach eigenem Urteil, handeln und uns nicht einfach einem Mainstream der Umgebung oder der öffentlichen Meinung anschließen. Wir sind – wo immer wir uns verhalten oder entscheiden – im Glauben der persönlichen Ansprache Gottes verpflichtet, können unsere Gewissensfreiheit nicht abgeben.

Historisch machen wir die Erfahrung, dass politische Entscheidungen, die Gerechtigkeit in ihren verschiedenen, nicht nur materiellen Dimensionen anstreben, zu nachhaltigeren Lösungen führen als solche, die sich von kurzfristigen Interessenvorteilen leiten lassen. Auch das nehme ich als Bewahrheitung des christlichen Liebesgebots wahr.

Dafür zu kämpfen, verlangt viel Energie, die sich auch aus der Hoffnung und dem Glauben daran speist, dass der Kampf gelingen kann. Deshalb erfahre ich mein Vertrauen auf Gottes Zusage und Aufforderung, mich für eine Welt zu engagieren, auf deren Heil wir bauen dürfen, als bergenden Schutz gegen die Verzweiflung und die Angst, die gegenwärtig überall hervorlugen, die uns zu lähmen drohen und uns gegeneinander durch tiefes Misstrauen zu Feinden machen. Dafür bin ich Gott dankbar.

Auf der ganzen Welt zuhaus
Felicitas Hoppe im Gespräch
mit Elisabeth Zoll

Ein katholischer Kosmos bevölkert das literarische Werk der Schriftstellerin Felicitas Hoppe. Dabei ist ihr katholisches Weltbild nicht ungebrochen. Ein Gespräch über eine innere Heimat und über Verluste.

■ Frau Hoppe, sind Sie eigentlich gern katholisch?

■ »Gern« katholisch zu sein, ist für mich eigentlich keine Kategorie. Der katholische Glaube war in meiner Herkunftsfamilie selbstverständlich. Man sucht sich Zugehörigkeit ja nicht aus. Aber: Ja, ich bin immer noch gern katholisch. So, wie ich sagen würde: Ich lebe gern, jedenfalls meistens. Was nicht heißt, dass ich nicht auch Zorn oder Furor meiner Religion gegenüber empfinde. Aber mit meinem Katholisch-Sein an sich hat das wenig zu tun, das Katholische ist für mich eher ein Lebensgefühl. Das Christentum dagegen ist ein Auftrag, mit dem ich, jenseits meiner konfessionellen Bindung, durchaus hadere und von dem ich mich gelegentlich auch unter Druck gesetzt fühle.

■ Was verbinden Sie mit dem Katholischen?

■ Weite, Offenheit, Universalität. Es gibt diese schöne englische Wendung: »to be of catholic tastes«. Das meint eine Person, die universal gebildet ist: offen, allumfassend, ganz entgegen den heutigen Vorstellungen von katholischer Rückwärtsgewandtheit und Enge. Darin steckt natürlich auch eine große Hybris. Doch für mich persönlich bedeutet das, aus engen Begrenzungen herauszukommen. Ich reise viel. Und egal, wo ich hinkomme auf der Welt, finde ich eine katholische Gemeinde, in der ich willkommen bin. Das heißt, ich bin auf der ganzen Welt zuhause, auf dem Weg über die Brücke des Katholischen. Überall steht ein Tisch, überall ist Eucharistie. Das öffnet und schützt mich zugleich. Und, um auf mein Schriftstellerinnendasein zu kommen: Katholisch ist die Ästhetik, die Bildhaftigkeit, die Musikalität – all das, was mein Schreiben bis heute prägt.

- **Was sind Ihre frühesten Erinnerungen an Religion?**
- Wir fünf Geschwister sind mit der Bibel aufgewachsen. Natürlich mussten wir in die Kirche gehen. Das war gesetzt, ritualisiert. Bei den Mahlzeiten wurde gebetet, wir sollten eigene Fürbitten erfinden; und es wurde gesungen, Gott sei Dank nicht nur Kirchenlieder. Meine Mutter las uns die Kinderbibel von Anne de Fries vor, und zwar in Gänze. Oft haben wir dazu gemalt und gezeichnet. Dadurch haben sich die Geschichten früh eingeprägt. Hinzu kommen die Heiligenlegenden. Die spielten bei uns eine große Rolle. Das halte ich für spezifisch katholisch. Unsere Eltern haben uns bewusst Namen gegeben, zu denen es eine Heilige oder einen Heiligen gibt – einen Schutzpatron oder eine Patronin eben. Dass die heilige Felicitas, der Legende nach, ihr Martyrium in einer Zirkusarena erleidet und von Löwen gefressen wird, fand ich faszinierend wie die Grimm'schen Märchen. Heute sehe ich das in einem anderen Licht. Aber jeder Namenstag wurde und wird bis heute gefeiert. Es gab sogar Süßigkeiten. Das war in der niedersächsischen Diaspora nicht üblich und gab mir das Gefühl, etwas Besonderes zu sein. Daraus hat sich für mich ein katholischer Kosmos geformt: an der Spitze Vater, Sohn und Heiliger Geist.

Doch daneben versammeln sich noch jede Menge ganz anderer, sehr unterschiedlicher, illustrer Typen. Das hat etwas Plurales, das, wohlgemerkt, nicht demokratisch, sondern eher griechisch-olympisch ist. Trotzdem nehme ich Kirche bis heute als einen sozialen Raum wahr, in dem höchst unterschiedliche Menschen zusammenkommen. Ein Raum, der für mich nicht angstbesetzt war, aber ein hohes Maß an sozialer Flexibilität erforderte.

- Krieg Ihr Gott der Kindheit immer lieb?
- Um ehrlich zu sein, weiß ich nicht einmal, ob bei uns jemals von einem »lieben Gott« die Rede war. Religiöse Erfahrungen sind individuell und treffen immer auf eine bestimmte Folie. Da ich schon als Kind etwas überphantastisch begabt war, hat mich die Religion offenbar fasziniert. Ein geheimnisvoller Raum. Mit fünf Jahren bin ich zur Frühkommunion gegangen. Meine Eltern haben mich, so gut sie konnten, auf die Erstkommunion und die Beichte vorbereitet. Dass sie die Freiheit und Lässigkeit hatten, mich auf eigene Faust in ein Sakrament einzuführen, beeindruckt mich bis heute. Verstanden habe ich das natürlich nicht, aber ich habe mich auch nicht unter Druck gefühlt. Ich habe intuitiv gespürt, dass es um eine andere Form des Verstehens geht. Vermutlich habe ich der Sache Glauben geschenkt, weil ich sie liebte. Liebe und Vertrauen sind die besten Vermittler. Und damit, potentiell, natürlich auch die schlimmsten Verräter. Da bin ich bis heute auf der glückhaften Seite.

- Was verbanden Sie als Kind mit der Beichte?
- Welches Kind versteht schon die Beichte? Abgesehen davon gab es in unserer Familie keine bindende Beichttradition. Meine Eltern hörten früh auf, zur Beichte zu gehen, sie haben sich deutlich von diesem offiziell verordneten Bekenntnisraum emanzipiert. Womöglich war gerade deshalb für mich die Beichte keine Bedrohung, sondern ein exotisches Extra, eine Art sportive Voraussetzung für die Erstkommunion. Ich erinnere mich jedenfalls an das Gitter im Beichtstuhl. Dahinter befand sich ein mysteriöser Raum. Doch das Wichtigste: Im Beichtstuhl durfte ich reden. Das Ohr hinter dem Gitter musste mir zuhören, unabhängig davon, ob ich eine reale oder erfundene Geschichte erzählte. Ich hatte die Macht. Das habe ich in einer Geschichte über »das große Ohr Gottes« verarbeitet. Viel wichtiger aber: Es gab dieses so wunderbare wie zweifelhafte Gefühl von Absolution nach der Beichte. Man war ohne

Sünde. Ein Hochgefühl, das sich nicht toppen lässt. Aus heutiger Sicht natürlich naiv. Aber diesen Zustand wollte ich solange wie möglich konservieren.

■ Steht die Beichte für die Chance eines Neuanfangs? Ist das ein Schatz der katholischen Religion?

■ Die Beichte kann so schön wie schrecklich sein, das hängt von der jeweiligen Erfahrung ab. Als Sakrament ist sie heute kaum mehr vermittelbar. Sie lässt sich nicht zurückholen in die religiöse Praxis der Menschen. Damit verschwindet allerdings auch eine Möglichkeit der Entlastung, das Gefühl, dass ich etwas abgeben kann, dass ich nicht für alles allein zuständig bin; auch das ein Grund, warum ich gern katholisch bin. Natürlich lässt sich das therapeutisch kompensieren, aber Religionen enthalten Lebensweisheiten, die über unsere eigenen Erfahrungen hinausgehen. Und sie sind ursächlich mit der Idee von Gemeinschaft verbunden. Doch möglicherweise ist meine Lust, in einer Gemeinschaft aufzugehen, in der ich meine eigenen Wünsche zurückstellen muss, heute nicht mehr gefragt. Schätze von gestern, die sich nur durch erneuerte Praxis erfahren lassen. Ich selbst bin jahrelang nicht mehr zur Kirche gegangen. Als ich dann wieder eine Beziehung entdeckte, musste ich Vieles neu einüben. Heute fehlt mir etwas, wenn ich sonntags nicht zum Gottesdienst gehe. Der Beichtstuhl ist für mich allerdings schon lange keine Option mehr.

■ Ist Glaube ohne Geheimnis möglich?

■ Hierzulande sind Glaubensfragen ja seit je starken Rationalisierungen unterworfen, woran die Theologie und die Philosophie nicht unschuldig sind. Das hat seine guten und befreienden Seiten. Aber die Frage nach den klassischen Gottesbeweisen à la Thomas von Aquin (den ich übrigens sehr verehre) hat in mir schon immer einen übermüdenden Überdruss erzeugt.

Glaube funktioniert anders. Ich nehme einfach zur Kenntnis, dass da etwas ist, das größer ist als ich, das sich mir entzieht und von dem ich trotzdem annehmen darf, dass es da ist. Aber um auf das Geheimnis zurückzukommen: Nein, wenn es kein Geheimnis gäbe, wäre ich wissend und müsste nicht glauben! Es ist ja kein Zufall, dass die Sprache zwischen Wissen und Glauben trennt. Einen intellektuellen Unterschied bezeichnet das allerdings nicht. Wer glaubt, ist nicht dümmer, sondern womöglich klüger!

■   Wie haben Sie sich die biblischen Gestalten, die Ihre Erzählungen und Romane bevölkern, zu eigen gemacht?

■   Durch Lektüre und Zeichnen. Manche Figuren sind mir nähergekommen, andere blieben ferner. In der Bibel gibt es ja jede Menge Unverständliches für ein Kind. Denken Sie an die Arche Noah: Warum sollten all jene, die keinen Platz auf der Arche fanden, verloren sein? Ein furchtbares Drama, ein Dilemma. Übrigens hat das Katholische bei mir immer ein tiefes Bedürfnis nach Drama bedient. Das habe ich als Kind sogar genossen. Der Dualismus von Gut und Böse, von Himmel und Hölle hat mich unweigerlich angezogen. Als ich mich als Kind mal hineingesteigert habe in weitgehend eingebildete schuldhafte Verstrickungen, versuchte mich mein Vater mit den Worten zu trösten: »Es gibt keine Hölle.« Für mich eine ungeheure Enttäuschung. Ich bin in einer bildhaften Religion groß geworden und nahm das sehr ernst. Als ich meinen Vater fragte, wie man dereinst in den Himmel kommt, antwortete er: »Genauso, wie man gestorben ist.« Daraufhin sagte ich: »Dann möchte ich möglichst bald sterben. Damit ich noch fit bin im Himmel.« Auch meinen Puppenwagen habe ich abreisefertig gemacht. So anfassbar war die Welt für mich. Das hat vermutlich mit meiner künstlerischen Einbildungskraft zu tun. Vielleicht aber auch mit der Sehnsucht nach einem Ordnungssystem, nach Ritualen, nach einer Rhythmisierung des Lebens. Ordnungssysteme spenden Sicherheit. Das Erzählen organisiert die Welt. Und die biblischen Geschichten sind die erste Welterzählung, mit der ich zu tun hatte, mit allen Risiken und Nebenwirkungen.

■   Wie sind Sie aufgewachsen?

■   Geboren und aufgewachsen bin ich in Hameln an der Weser. Meine Eltern sind Geflüchtete aus Oberschlesien, katholisch. Der

Katholizismus war die Grundlage ihrer Beziehung und Eheschließung. Materiellen Reichtum hatten wir nicht. Zu meiner Erstkommunion gab es kein weißes Kleid. Freunde meiner Eltern schenkten mir fünf Mark und eine Rose. Das war überwältigend. Obwohl im Katholizismus das Äußerliche eine sehr große Rolle spielt, wurde das bei uns nicht praktiziert. Doch der Alltag war vom katholischen Glauben durchtränkt und hat meine Eltern vermutlich nicht selten geknebelt, bis hin in politische Entscheidungen und die Sexualmoral. Das habe ich als Kind natürlich nicht verstanden. In der Schule galt ich als »Christenkind«. Ich habe das aber nie als Last oder Ausgrenzung empfunden, vielleicht weil wir nicht orthodox erzogen wurden. Außerdem waren meine Eltern schon sehr früh ökumenisch orientiert. Und sie lieben die Kunst: Wir Kinder sind alle ziemliche Freigeister geworden.

■ Das heißt, Sie haben sich der Fesseln entledigt?

▪ Das klingt nach Befreiung, aber so einfach ist das ja nicht. Mit der gewonnenen Freiheit muss man auch umgehen können. Abgesehen davon kann ich allerdings sagen, dass ich nicht so eng mit der Kirche verbunden bin, dass mich jeder ihrer Fehler erschüttert. Aber das spricht nicht für mich, und für die Kirche schon gar nicht. Je enger man an etwas gebunden ist, desto schmerzlicher ist es, wenn man enttäuscht oder betrogen wird, wenn sich das ungute Gefühl einstellt, ein System mitzutragen, das einen permanenten Machtmissbrauch begünstigt. Meine Haltung wäre vermutlich anders, wenn ich ein kirchliches Amt innehätte.

■ Wollten Sie jemals konvertieren?

▪ Nein, nie. Hin und wieder konnte ich mir vorstellen, aus der Kirche auszutreten, was aber nicht heißt, dass ich dann nicht mehr katholisch wäre. Man bleibt ja (unfreiwillig) getauft und tritt in Deutschland lediglich aus der Gemeinschaft der Kirchensteuerzahlenden aus. Mein Kosmos ist katholisch, nicht protestantisch, obwohl einer Schriftstellerin das Wort natürlich nahe liegt. Die Worte der Bibel haben zwar eine unmittelbare Wirkung auf mich, aber die große Wortlastigkeit im Protestantismus, seine Vernunftgesteuertheit und das Fehlen eines von den

Heiligen bevölkerten Kosmos zwischenmenschlicher Vermittlung behagen mir nicht. Allerdings denke ich historisch und empfinde die Reformation dementsprechend als zwingend. Das bestehende System war ausgereizt, korrumpiert, überfordert. Und vermutlich sind wir heute an einem ähnlichen Punkt. Das alles ändert nichts daran, dass ich mich persönlich weiterhin in einem katholischen Raum verorte. Das Bedenkliche und zugleich Geniale an der katholischen Religion ist ja, dass sie sich heidnische Elemente und Rituale, die auf archaische Verhaltensmuster zurückgehen, synkretistisch zu eigen macht. Ich kenne viele Menschen, die dem Katholizismus gerade aus diesem Grund skeptisch bis feindlich gegenüberstehen. Aber Kirche als nüchterne Moralagentur reicht mir nicht. Das Soziale gehört selbstverständlich dazu, es hat mich stark geprägt, aber für mich funktioniert es nur, wenn es auch liturgisch verbindlich bleibt; ich bin und bleibe ein Formmensch.

■   Was zählt zu den Schätzen Ihrer Religion?

■   Die in aller Welt gelebte Caritas, die eine der großen Liebesformen ist. Wir haben es ja, bei allem liturgischen Eifer, mit einer ziemlich tatkräftigen Religion zu tun. Auch das hat seine bekannten Schattenseiten. Stichworte: Missionierung und Kolonialismus. Trotzdem gibt es ohne Zweifel segensreiches Tun, das seine Verankerung im Glauben hat. Meine Mutter heißt Hedwig, und in dieser äußerst tätigen Heiligen hat sich meine Mutter durchaus gespiegelt.

Unter den Heiligen sind sowieso viele starke Frauen, die ihren Auftrag bis heute weitergeben. Auch das hat sich für mich übrigens nicht immer nur gut angefühlt. Übermäßige Tatkraft, egal aus welcher Richtung, ist mir nicht ganz geheuer. Aber sie bleibt für mich bis heute Ansporn zur Verbindlichkeit in einem Tun, das sich nicht ausschließlich um sich selbst dreht. Das ist auch für meine Selbstreflexion als Künstlerin von Bedeutung.

■   Resultiert die Unbeschwertheit, mit der Sie über ihren Glauben sprechen, aus Ihrer Kindheit, oder ist diese in Ihrer Erwachsenenzeit gewachsen, in der Freiheit, mit der Sie Katholizität interpretieren?

— Manchmal frage ich mich schon, ob ich nicht, womöglich auch literarisch, in meinem Kinderglauben versackt bin? Und gelegentlich empfinde ich fast sogar eine Art Scham, dass ich immer noch gern katholisch bin. Andererseits bin ich entschieden rational und unsentimental. Frommes Schwärmertum war nie meine Sache. Vermutlich ist mir erst im Erwachsenenalter klar geworden, was das Katholisch-Sein für mich wirklich bedeutet. Es fällt mir nicht leicht, darüber zu sprechen, weil diese Ressourcen schwer vermittelbar sind. Aber ich empfinde Dankbarkeit dafür, dass sich mir diese Kraftquelle öffnet. Es ist heikel, über einen Raum zu sprechen, der entschieden über das Hier und Jetzt hinausweist. Ich diesem Raum fühle ich mich beheimatet und genährt. Das hat nichts mit liturgischer Performance zu tun und schon gar nicht mit einer speziellen Ästhetik, sondern schlicht mit einem Staunen darüber, dass ich im Gottesdienst mit einer Vielzahl von Menschen verbunden bin, mit denen ich in meinem Alltag sonst überhaupt nicht zu tun habe. Die müssen nicht meine Sprache sprechen, uns verbindet schlicht und einfach das Ritual. Das ist wunderbar; umso mehr in einer Zeit, in der wir alle in unseren individuellen Blasen vor uns hinleben.

— Es gibt auch Abgründe im Katholischen. Wie würden Sie diese beschreiben?

— Die Abgründe sind offenbar und dauerpräsent. Kirchenpolitisch ist es natürlich alles andere als eine Freude, heute katholisch zu sein und sich dazu zu bekennen. Man fühlt sich erniedrigt und beleidigt durch Ereignisse und ein Verhalten »von oben«, das andauernd etwas verletzt, was mir – etwas hochtrabend und altmodisch gesagt – heilig ist, was ich schätze. Dass es Menschen gibt, die auf fahrlässige, arrogante, unchristliche Weise Macht missbrauchen, von der sie nach wie vor glauben, sie sei ihnen durch vermeintliche Berufung zugewiesen. Das stößt mich ab. Doch wenn ich behaupten würde, dass mich das überrascht, würde ich lügen. Dazu bin ich nicht nur mit der Geschichte der katholischen Kirche allzu vertraut. Mir scheint, einige an der Kirchenspitze verstehen noch immer nicht, was sie da veruntreuen. Aber Jesus ist nicht die Kirche. Natürlich würde auch ich gern mal die Peitsche in die Hand nehmen und den Tempel reinigen – aber diese zwanghafte Phantasie einer Reinigung ist genauso weit vom wirklichen Leben entfernt wie die Kirche selbst. Ich glaube, dass viele Kirchenmänner in einer Scheinwelt leben, die von Gesetzen und Dogmatik geprägt ist. Auch das eine Blase, die mit dem, was für mich das Katholische ist, nur wenig zu tun hat. Eine eingefrorene Gottesrede, die dem Selbsterhalt und dem Nihilismus näher ist als der viel beschworene »liebe Gott«. Das ist schon erstaunlich: Es gibt Theologen, die Ihnen haarklein erklären können, warum Frauen keine Priesterin werden können. Doch diese Texte sind letztendlich leer, weil sie orthodox sind, weil sie ein System bedienen, das sich selbst füttert und schon längst keine Schnittmenge mehr mit der Außenwelt bildet. Das ignoriert die Not der Gläubigen oder Nicht-Mehr-Gläubigen. Diese Ignoranz ist, um es altmodisch katholisch zu sagen, nicht nur Schuld, sondern Sünde.

■ Sie beschreiben zwei Welten, die wie durch eine Scheibe getrennt sind. Einen Austausch gibt es da nicht. Haben Sie trotzdem noch Hoffnung?

■ Die Kommunikation zwischen Kirchenleitung und Kirchenvolk, zwei Begriffe, die eigentlich gar nicht mehr anwendbar sind, liegt de facto auf Eis. Deshalb ist der Synodale Weg vermutlich kurzfristig zum Scheitern verurteilt. Rom wird keine Veränderungen zulassen. Wir haben es mit unvereinbaren Positionen zu tun. Aber das heißt nicht, dass Gemeinden nicht auf ihre eigene Weise gemeinsam andere Wege nicht nur finden, sondern auch gehen werden, jenseits einer Kirche, die qua Tradition bis heute nicht demokratisch, sondern hierarchisch agiert. Als Künstlerin denke ich nicht hierarchisch, sondern kreativ. Allerdings ist Kreativität kein Allheilmittel. Wenn ich allerdings aktiv in den Strukturen der Kirche stecken würde, wäre mir angst und bange. Und ich frage mich, nicht zuletzt als schreibende Frau: Wie definieren sich Frauen eigentlich in der katholischen Kirche?

■ Was meinen Sie damit?

■ Ich frage mich zum Beispiel, warum Frauen unbedingt katholische Priesterinnen werden wollen? So wie ich mich gelegentlich frage, ob ich selbst diesen Beruf »gern« ergriffen hätte? Und ich frage mich drittens: Was ist Berufung? Die katholische Kirche ist genuin apostolisch-männlich geprägt und hierarchisch, also undemokratisch verfasst. Wollen Frauen wirklich einem Bischof Gehorsam geloben, der ihnen danach huldvoll die Hand auflegt, um sie zu Priesterinnen einer männlichen Kirche zu machen? Aber wer weiß. Mir persönlich hilft immer wieder ein Blick in die Geschichte. Die Institution hat im Laufe von 2000 Jahren viele Veränderungen erlebt. Frauen waren immer stark, sie haben Orden gegründet, die ihrerseits ebenfalls von Machtmissbrauch geprägt sind. Heute sterben die Orden aus, aus gut nachvollziehbaren Gründen. Jetzt gilt es, den Niedergang halbwegs würdevoll zu verwalten. Vielleicht brauchen wir eine Kreativität des Übergangs, eine Kreativität des Abschieds. Aber nicht nur die Kirche muss sich häuten, sondern auch der Rest der Gesellschaft, auch die Kultur. Dinge, die wegbrechen, verschwinden nicht, sondern ändern sich; das sind schmerzhafte Metamorphosen, die nicht ohne Verluste abgehen. Wir brauchen Kraft, um diese Veränderung auszuhalten, ohne in Panik zu verfallen. Selbstgerechtigkeit, egal von welcher Seite, ist dabei ein schlechter Ratgeber.

■ Wo ist die Verbindung zwischen Literatur und Religion?

■ Die Literatur ist wie die Religion lebenserzählend, allerdings auf je unterschiedliche Weise. Beide gehen mit Worten und Bildern um. Und beide leben nach wie vor vom Geheimnis. Was der Literatur Gottseidank fehlt, sind fixe Glaubenssätze. Aber die Bibel ist mehr als ein Geschichtenbuch. Für manche ist und bleibt sie ein Offenbarungstext, der eine andere Form von Respekt verlangt. Doch der freie literarische Umgang mit diesen Texten beschädigt die Offenbarung nicht, sondern bereichert und öffnet sie in vielerlei Hinsicht. Als Autorin war Blasphemie übrigens nie ein Thema für mich. Trotzdem gebe ich zu, dass es mir bis heute schwerfällt, literarische Texte in kirchlichen Räumen zum Vortrag zu bringen – die optische und akustische Rhetorik des klassischen

Kirchenraums ist auf Verkündigung ausgelegt, und Literatur ist für mich keine Verkündigung. Sie unterwirft sich, sofern sie weiß, was sie tut, keiner Religion und keiner Ideologie, sondern belebt andere zwischenmenschliche Räume, die aus meiner Sicht intimer, privater und sprechender sind.

▬ Biblische Geschichten in Kirchenmalereien oder bei Ihnen verarbeitet in Literatur werden ohne religiöse Grundbildung immer schwerer verstanden. Was bedeutet das für Sie?

▬ Das nehme ich eher auf die leichte Schulter. Ich war nie kulturpessimistisch. Im Alltag sind wir bis heute von Redewendungen aus der Bibel nur so umzingelt. Das wird zwar unseren Glauben nicht retten, aber vielleicht ist die Literatur ja eine Art Aufbewahrungsgefäß für religiöse Geschichten, die dort fortbestehen können, ohne dass jeder die Quelle kennt. Ich glaube, wir sind sowieso viel zu bildungsfixiert. Nichts dagegen, wenn wir über kunsthistorisches Wissen verfügen. Doch unseren verlorenen Glauben macht das nicht wett und nicht wieder lebendig, und ein Kirchenraum wirkt auch ohne dieses Wissen. Schwierig wird es dann, wenn die Bilder und Riten nur noch als Kuriosität wahrgenommen werden. Ganz ohne Zweifel verliert die christliche Religion mit ihrer Ikonografie und ihren Texten zunehmend an Bedeutung. Und damit auch ihre Deutungshoheit. Aber ist das zu beklagen? Ich bin da ambivalent, denn wir leben in einem Raum, in dem sich die Dinge egalisieren, die Religionen gehen in ein Großes und Ganzes ein, in ein »House of One«. Aber warum löst das eigentlich Unruhe aus?

▬ Vielleicht weil die Gesellschaft etwas verliert, wenn sie die zweitausendjährige Tradition nicht mehr versteht?

▬ Alter steht bekanntlich nicht (nur) für Qualität. Aber was uns im »House of One« womöglich tatsächlich abgehen wird, ist eine spezifische Form von Verbindlichkeit. Verbindlichkeit entsteht dadurch, dass es gemeinschaftsstiftende Vereinbarungen gibt, die nicht gefühlig, nicht individuell, sondern nach wie vor politisch und gesellschaftlich wirksam sind. Dazu muss man allerdings aus einem gemeinsamen kulturellen Fundus schöpfen. Die heute viel beschworenen »europäischen Werte« bleiben da eher blass. Alle reden von Menschenwürde, aber metaphysisch sind wir insgesamt obdachlos. Im Katholizismus gibt es eine Vorstellung von Transzendenz. Sie verweist darauf, dass es, trotz aller beängstigen Szenarien, dem weltweiten Hunger, dem Klimawandel und den nicht enden wollenden Kriegen, eine Dimension gibt, die über das Irdische hinausweist. Diese Dimension kann ich nicht allein in der Kultur erfahren. Verbindendes erfahre ich in einer gemeinsamen religiösen Praxis. Sie konstituiert mich. Aber allem voran bin ich noch von dieser Welt und, wie Sie sehen, nach wie vor gern katholisch.

Den Himmel offenhalten
Andrea Fleming

»Wie, *Sie* leben in so 'ner Art Kloster? Das hätte ich jetzt nicht gedacht!«
Der Kollege in der Einkaufsabteilung eines Handelsunternehmens für
Maschinentechnik, in dem ich nach dem Studium eine erste Arbeits-
möglichkeit gefunden hatte, war verblüfft. Ich hatte mich mit viel Elan
und Wissbegier in die Beschaffung von Getrieben, Motoren und deren
Einzelteile eingearbeitet und mit meinen Italienisch-Sprachkenntnis-
sen bereits gewiefte Lieferanten jenseits der Alpen bezirzt, uns schneller
zu beliefern als die Konkurrenz. Schon nach wenigen Wochen hatte ich
mir nicht nur die Anerkennung der Geschäftspartner, sondern auch die
Sympathie und eine rheinisch-herzliche Aufnahme in den Kreis der
Kollegen erobert. Und dann begannen die Fragen: Verheiratet? Nein?
Und nach dem Studium immer noch in einer Wohngemeinschaft ...
Ach – und nur Frauen?

Ich hatte mich schon als Jugendliche zunächst in meiner Heimatgemeinde in der kirchlichen Jugendarbeit engagiert und dann eine der
neueren geistlichen Gemeinschaften, die Fokolar-Bewegung, kennengelernt. Christsein auch im Alltag leben, über den Sonntagsgottesdienst
und die Maiandachten hinaus, das hatte mich gleich angezogen. Ernst
machen mit der Nächstenliebe, auch wenn's unbequem wird und man
dafür mehr Spott als Bewunderung erntet – als Einzelkämpferin hätte
ich das wohl nicht lang durchgehalten. Die Gemeinschaft mit anderen
Jugendlichen, der Austausch bei internationalen Kongressen und

Festivals hat mich beflügelt und mich aus meiner etwas beengten nie-dersächsischen katholischen Dorfidylle schnell herauswachsen lassen. »Ich wollte mein Leben für was Großes einsetzen und hab' mich in einen Typen verliebt, der schon vor 2000 Jahren gestorben ist, da hatten dann alle anderen keine Chance mehr.« Meine lapidare Antwort auf die Frage nach dem fehlenden Mann an meiner Seite (nach anderen Kom-binationen hätte man sich damals noch nicht zu fragen getraut, das kam aber später!) war oft der Einstieg in sehr interessante Gespräche, wie es sich auch mit dem Kollegen in der Maschinenbaufirma prompt ergab.

Die Lebensform, die mich von Anfang an in der Fokolar-Bewegung am meisten faszinierte, ist sicher nicht für jeden etwas: Ich gehöre zu einer der kleinen Kern-Gemeinschaften mit drei oder vier Frauen, auch Ver-heiratete haben daran Anteil und teilen ihr Leben entsprechend ihrer Zeit und ihren Möglichkeiten. Mit viel Herzblut und Leidenschaft habe ich mich lange in der Kinder- und dann in der Jugendarbeit engagiert, gern und absolut freiwillig mein Hab und Gut mit anderen geteilt und mich ohne große Schwierigkeiten in ein doch recht klar und hierar-chisch strukturiertes Lebensgefüge eingefunden.

»Dann bist Du also sowas wie eine moderne Nonne? Musst Du da auch Dein Geld abgeben?« Ob Arbeitskolleginnen oder Nachbarn: So-bald man sich näher kennenlernt, wird diese Lebensform in meinem Umfeld meist skeptisch seziert, die materiellen Verhältnisse werden da-bei als erstes abgeklopft. Für mich dagegen war die Frage nach persön-lichem Besitz, nach der freien Verfügung über mein Einkommen nie wirklich ein wichtiges Thema. Gerechtigkeit, Solidarität mit Menschen in Not, Teilen mit denen, die weniger haben als ich, das hatte mich schon fasziniert, als ich noch als Teenager die Reportagen in der »weiten Welt«, der Zeitschrift der Steyler Missionare verschlungen habe. Und die kreativen Hilfsaktionen vom Kuchenverkauf über Autowaschaktio-nen bis hin zu Benefizkonzerten zugunsten von Menschen in aktuellen Notsituationen weltweit haben meine Jugendzeit geprägt. Mein Ziel ist es nicht, eine wie auch immer motivierte Art von Armut zu leben, mir geht es vielmehr darum, mir immer die Bereitschaft zu bewahren, zu teilen – egal ob materielle oder geistige Güter. Und wer nur ein Minimum an Sensibilität für die Bedürfnisse und erst recht für die Not anderer Menschen entwickelt hat, entdeckt dafür reichlich Gelegenheiten. Die Frage nach den leitenden Kriterien für Entscheidungen, nach dem Gebrauch von Autorität und Macht, nach Eigeninitiative und Gestaltungsfreiheit im gemeinschaftlichen Leben treten dagegen in meiner zweiten Lebenshälfte immer mehr in den Vordergrund. Meine katholische Sozialisierung ist dabei immer wieder auf dem Prüfstand, und das erlebe ich als Herzerweiterung und inneres Wachstum. Nicht nur die Kirche sollte sich ständig erneuern, ich selbst stelle mich auch, wenn auch nicht immer freiwillig und mit fliegenden Fahnen, dieser Herausforderung.

»Ihr seid sooo katholisch! Ihr merkt gar nicht, wie sehr das Euer tägliches Leben prägt, wie eng Ihr an Vorgaben und Verboten klebt! Ist Euch die Liebe denn nicht wichtiger?« Das kritische Hinterfragen einer evangelischen Fokolarin, mit der ich ein paar Jahre in der ökumenisch geschichtsträchtigen Stadt Augsburg in einer Gemeinschaft gelebt habe, hat mich oft an Grenzen geführt, mein Handeln hinterfragt, mich auch vor Gewissensentscheidungen gestellt. Muss ich wirklich noch eine katholische Messe besuchen, wenn ich mit ihr am Sonntag schon bei einem tiefen und festlichen Abendmahlsgottesdienst war? Sind die Vorgaben meiner Kirchenleitung in Bezug auf Moral, christliche Lebensführung und Gebetspraktiken wirklich das einzige Kriterium für meine vielen täglichen Entscheidungen? Sollten wir überhaupt noch konfessionell getrennte Einrichtungen und Netzwerke gründen oder fortführen, statt sie gleich in ökumenischer Verbundenheit zu gestalten?

Nicht zuletzt der letzte Katholikentag hat gezeigt, dass die Bedeutung und der Einfluss der katholischen Kirche dramatisch schwinden. In Veranstaltungen mit dem Schwerpunkt Ökumene wurde mehr denn je deutlich, dass wir als Stimme in der Gesellschaft, wenn überhaupt, dann nur noch generell als Christen wahrgenommen werden. Ob katholisch, evangelisch oder orthodox: Wir werden in der Regel alle gleichermaßen verurteilt für unsere Fehler und hin und wieder positiv wahrgenommen für unser soziales oder gesellschaftspolitisches Engagement. Wer mit welchem Gesangbuch auftritt, ist dabei völlig irrelevant.

»Wir müssen lernen, dem Glauben der anderen zu glauben«, formulierte ein katholischer Priester in einem Werkstattgespräch beim Katholikentag in Stuttgart seinen Wunsch für die nächste Zukunft. Und das gilt wohl nicht nur für das Zusammenleben von Christen verschiedener konfessioneller Hintergründe. Dem Gegenüber, den Menschen, mit denen wir im Gespräch sind, erst einmal gute Absichten zu unterstellen, uns gegenseitig die »Rechtgläubigkeit« nicht abzusprechen, nur, weil wir in theologischen Lehrmeinungen, aber auch in der allgemeinen Lebenspraxis, in politischen Ansichten oder im Umgang mit Herausforderungen wie der Pandemie unterschiedliche Wege gehen, das wäre schon ein guter Anfang.

Ich habe vor allem in den letzten zehn Jahren die positive Erfahrung gemacht, dass mein individuelles Handeln, meine persönlichen Entscheidungen sehr wohl einen Unterschied machen und gemeinschaftliches Leben im Kleinen aber auch im größeren Umfeld verändern kann. Mein Auszug aus der Wohngemeinschaft hat nicht den Bruch mit der Lebensform bedeutet, auch wenn ich das Leben in Gemeinschaft heute anders gestalte. Eigene Verantwortung wahrnehmen, meine Zukunft aktiv mitgestalten und mich nicht dem Schicksal, dem Gutdünken von Verantwortlichen oder der Meinung des Mainstreams überlassen, das hat neue Energien, neues Gestaltungspotential bei mir freigesetzt.

Und siehe da: Es geht viel mehr, als ich dachte. Meine Wohnung in einem größeren Mietshaus ist inzwischen für viele Nachbarn eine offene Anlaufstelle: Das fängt beim berühmten Ei oder der Tasse Zucker an, die zum Kuchenbacken grad fehlen, geht über den Einkaufsdienst, regelmäßige Einladungen zu Frühstück, Kaffee oder einem Gläschen Wein auf dem Balkon bis zum Carsharing. Es sind tragende und bereichernde Freundschaften entstanden, ganz unabhängig von Alter und Weltanschauung. Und in den Gesprächen geht es um weit mehr als ums Wetter oder die täglichen Zipperlein, wir teilen auch Leidvolles und haben auch schon Tränen miteinander vergossen.

»Die Andrea ist unsere Hausheilige«, hat mal ein Nachbar beim Stammtisch in der Pizzeria schmunzelnd gesagt und sich mit schlechten Witzen und unflätigen Kommentaren merklich zurückgehalten, wenn ich dabei war. Ich war die Einzige, die ihm erfolgreich ins Gewissen reden konnte, wenn er sich mit anderen Nachbarn in die Wolle bekam, und über meine Primelchen zu seinem Geburtstag war er zu Tränen gerührt. Inzwischen sind er und eine andere Nachbarin verstorben, und es kommt uns im Haus so vor, als seien Familienmitglieder gegangen. Hoffnung schenken, Familie leben – »den Himmel offenhalten«, so hat mal ein Freund sein Priester-Sein beschrieben, und das kommt meinem Leben sehr nahe.

Seit ich »draußen« lebe, bringe ich meine Fähigkeiten und Zeit in die Fokolar-Gemeinschaft mit neuer Freude, mit mehr Kreativität und Großzügigkeit ein, die »Außenperspektive« auf manche interne Spannung oder bisweilen ungesunde Konzentration auf die eigenen Belange wird als wohltuend und entlastend wahrgenommen. Ich kann mich verausgaben beim Renovieren, tobe mich in der Küche fürs Ostermenü aus und besuche auch stellvertretend für die anderen regelmäßig unsere 92-jährige Fokolarin im benachbarten Altenheim. Zugehörigkeit und Verbundenheit mit der Gemeinschaft ist nicht an das physische Zusammenleben gebunden, auch, wenn wir das erst lernen mussten.
Oft beschäftigt mich und andere, wie es wohl mit dieser und ähnlichen Lebensformen in Gemeinschaft weitergehen wird, welche Art von gemeinschaftlichem Leben nachhaltig und zukunftsweisend sein kann. Egal ob mit christlicher (oder überhaupt spiritueller Prägung) oder als Gegenentwurf zu individueller Vereinsamung: Solidarisches und fürsorgendes Miteinander scheint nach wie vor erstrebenswert zu sein. Mehrgenerationen-Wohnen, Wohngenossenschaften mit Fürsorgeklauseln in der Satzung, selbst offene klösterliche Wohnformen, die von mehreren Ordensgemeinschaften mitgestaltet werden, erfreuen sich zunehmender Beliebtheit. Und gleichzeitig erleben wir eine Art Korrosion in den traditionellen kirchlichen Gemeindestrukturen, die Fragen nach neuen Aufgabenverteilungen bei schwindenden Priesterberufungen werden lauter. Eigeninitiative und die Bereitschaft, bei gemeinschaftlich getragenen Projekten mitzuarbeiten, treten in den Vordergrund. Vielleicht wachsen da ganz heimlich, still und leise neue Formen christlicher Gemeinschaft, die durchlässig sind für ganz verschiedene

konfessionelle Prägungen, die der Freiheit und individuellen Gestaltung des Einzelnen größtmöglichen Spielraum lassen und gleichzeitig der Angst vor dem Älterwerden ein luftiges Netz an Sicherheit und Geborgenheit bieten? Ich für meinen Teil bin gern mit dabei.

Vor Arvo Pärts »Stabat Mater« zu rezitieren

Gibt den Moment des schwindenden Lichts. Gibt den Moment des schwachen Sehens.
Gibt den Moment des letzten Geräuschs. Gibt den Moment der Stille.
Gibt das Letzte und den Gedanken an alles.
Gibt aus allem eine seltsame Ruhe. Gibt aus der Ruhe ohrenbetäubenden Lärm.

Gibt im Grab eine Zwischenzeile. Gibt in der Zwischenzeile ein Flüstern.
Gibt im Flüstern ein Wachwerden und Tasten. Gibt im Unbestimmten ein Suchen.
Gibt eine Bewegung, die ziellos ist. Gibt ein Versichern trotz lehmigen Grundes.
Gibt ein Summen aus allem, das ist. Gibt ein Beten, ein Flehen, ein Hoffen.

Gibt im Dunklen den Traum. Und im Traum das Erwachen. Gibt im Traum das Ende des Schlafes.
Gibt im Flüstern ein Grauen. Gibt im Ungewissen ein Erschaffen des Selbst.
Gibt im Selbst ein Allvertrauen. Gibt einen geraden Rücken und ein Abwarten.

Gibt ein Lauschen auf alle Klänge. Gibt ein Geräusch wie ein Reiben von Jahrhunderten gegeneinander. Gibt ein gleißendes Licht. Gibt einen Neubeginn.

Gibt ein Wissen um alles in allem. Gibt eine Linie, die sich zur Silhouette formt, gibt einen Körper, der einen Schatten wirft. Gibt einen neuen Menschen. Gibt einen neuen Menschen. Gibt einen neuen Menschen. Gibt einen mit dem Wissen um alles in allem.

Da liegt viel Last auf so einem Neusein. Auf so einem Ichwarnochniehier, Tutmirleid, Ichkennmichnichtaus. Und wenn sie dich fragen: Wo gehtshier dorthin, immerweiter? Sagst du nur: geradeaus.
Das Neusein ist Pink-Sein, ist Roh-Sein und ohne Schliff, ist Echt-Sein und ohne Verstellen.
Ist klare Bahn und eindeutiges Rollen, ist hinderungslos und ohne Verlust.

Du darfst voran
Du darfst ergreifen
Du darfst feiern
Du darfst sein
Du darfst empfangen
Du darfst singen
Du darfst teilen
Du darfst hoffen
Du darfst dich als Sieger verstehen
Du darfst uns leiten
Du darfst mich ansehen
Du darfst mich ausziehen
Du darfst mich ansehen wie kein anderer
Du darfst mich erfinden
Du darfst deine Sprache sprechen

Du sollst dich neu erfinden
Du sollst gerade gehen
Du sollst einen Satz zu allem sprechen
Du sollst versichert sein
Du sollst ihnen entgegentreten
Du sollst sie im Blick behalten
Du sollst ihnen vom Himmelreich berichten
Du sollst ihnen den Weg dorthin zeigen
Du sollst angekommen sein und dich auskennen
Du sollst sie führen und tragen
Du sollst beobachten
Du sollst Schlüsse ziehen
Du sollst verbinden
Du sollst heben und ans Herz dir pressen

Und der Stein wurde zur Seite gerollt und sie fanden das Grab leer.
Jesus ist wie Schrödingers Katze ...
Da waren alle verwirrt und begannen sich die Geschichte des Gesehenen
zu erzählen,
diese Geschichte ähnelte dem Geschehenen.
Was aber hatten die Augen der Einzelnen gesehen? Marias Augen!
War nicht Weinen in ihnen?
Das leere Grab war eine Beleidigung und ein Wunder.
Ist er aus seinem Büro gegangen, ohne seine Affären geordnet zu haben?
Steht nun ein Auto in der Garage ohne Fahrer und Ziel?
Kann jemand seine Frau verständigen?
Vielleicht war er homosexuell. Dann muss man den Partner jetzt
anrufen.
So ist das korrekt.
Auch wenn einer geht, wird Freude frei, denn eine Lücke ist ein
Atemfassen.
Die Mutter sieht auf die Stelle, an der ihr Junge lag. Ein Bild des
Schmerzes.
Diese Stelle ist nun frei, denn er liegt nicht mehr dort.

Ein paar Tage später,
es ist heller Tag,
die Männer haben gerade über nichts zu sprechen gewusst,
sagt er:
Ich bins. Und weist seine Hände vor.
Aller Schmerz ist fort. Gibt Erkennen und Freude. Gibt unbändige
Freude.

Nora Gomringer

Nachwort
Jetzt Zukunft wagen
Malu Dreyer

Niemand wird mehr ernsthaft bestreiten, dass die katholische Kirche in einer tiefgreifenden Krise steckt. Der Missbrauchsskandal genauso wie die gewachsene Entfremdung zwischen Gläubigen und kirchlicher Lehre in Fragen der persönlichen Lebensführung haben ihre Glaubwürdigkeit bis ins Mark erschüttert. In Deutschland ringen Bischöfe und Laien, die im Zentralkomitee der deutschen Katholiken zusammengeschlossen sind, auf dem Synodalen Weg um Reformen.

Die Texte werden von der Synodalversammlung mehrheitlich mit Zweidrittelmehrheit der Stimmen der Bischöfe verabschiedet. Sie berühren den inneren Kern katholischer Lehre und Tradition: etwa die Machtverteilung, eine zeitgemäße Sexualethik, die kirchliche Anerkennung von LGBTQ+-Partnerschaften, den Zugang von Frauen zu kirchlichen Weiheämtern und die künftigen Formen priesterlichen Lebens.

Die meisten der drängenden Fragen sind alles andere als neu. Mindestens seit der Würzburger Synode (1971-1975) liegen sie in Deutschland auf dem Tisch. Die Stellung der Frauen in der Kirche bewegt mich persönlich dabei besonders, weil ich mich schon lange für die Gleichstellung von Frauen in allen gesellschaftlichen Bereichen einsetze. Ich kann die Frage nur bekräftigen, die die Dogmatikerin Dorothea Sattler auf der Vollversammlung des Zentralkomitees der deutschen Katholiken 2019 in Mainz gestellt hat:

»Wenn Frauen – und davon erzählen die biblischen Schriften – wenn
Frauen von Gott dazu berufen worden sind, in Jerusalem nahe bei dem
sterbenden Jesus zu bleiben, ihn nicht zu verlassen, zu wachen bei ihm,
ihn sterben sehen, den Leichnam salben möchten, das Grab aufsu-
chen – und dann dem auferstandenen Christus Jesus begegnen und von
ihm selbst gesandt werden, ihn zu bezeugen – wenn all das stimmt, was
in den biblischen Schriften als Osterbotschaft erzählt ist – warum sollte
es Frauen dann verboten sein, in der eucharistischen Feier öffentlich in
der Wortverkündigung und in der Zeichenhandlung im Mahl Zeugnis für
Jesus Christus zu geben?«

Als katholische Christin überzeugt mich das Argument, dass nicht der
Zugang von Frauen zu kirchlichen Diensten und Ämtern begründungs-
pflichtig ist, sondern deren Ausschluss. In meinen Augen ist der Zugang
von Frauen zu Weihesakramenten längst überfällig. Sonst verlieren wir
viele Frauen und Familien, die sich in der Kirche engagieren. Bewegun-
gen wie Maria 2.0 sind tief in ihren Gemeinden verwurzelt und wollen
dies bleiben. Es ist gut, dass das Papier »Frauen in Diensten und Ämtern
in der Kirche« auf dem Synodalen Weg beschlossen wurde. Jetzt kommt
es darauf an, dass die Bischöfe – mit dem starken Votum der Synodalversammlung im Rücken – die Frage der Zulassung von Frauen zu allen
Diensten und Ämtern dem Papst mit Nachdruck erneut zur Prüfung
vorlegen und in die Weltsynode einbringen.

Auch das Leiden derer, die ihre Liebe verstecken müssen, weil sie
nicht in einer Ehe zwischen Mann und Frau leben, muss entschieden
beendet werden. Wer die Dokumentation zur Initiative #OutInChurch
angeschaut hat, weiß um die berührenden Schicksale und ist sich bewusst, was die katholische Nicht-Anerkennung für homosexuelle und
queere Menschen bedeutet. Was es für sie bedeutet, ihre Lebensliebe
über Jahre und Jahrzehnte verleugnen und verstecken zu müssen, um
ihrem Beruf im Dienst der Kirche nachgehen zu können. Ich bin sehr
froh darüber, dass die Grundordnung nun entsprechend geändert werden soll. Umso erschreckender war es für mich, dass das Grundlagen-
papier zu »Leben in gelingenden Beziehungen« – das zu weiten Teilen

nur eine Beschreibung der gegenwärtigen sexualwissenschaftlichen Erkenntnisse ist und die gleiche Würde aller Menschen auch in der Kirche fordert – bei den Bischöfen der Vierten Synodalversammlung durchgefallen ist. Das hat viele, die auf ein klares Zeichen der Umkehr gehofft haben, aufs Neue tief verletzt.

Um in den Lebenswelten der gläubigen Menschen verankert zu sein, braucht es Reformen. Und auch aus ihrer Weltverantwortung heraus muss die katholische Kirche die notwendigen Reformen angehen. Denn nur wenn die Kirche auf die Fragen ihrer Zeit tragfähige Antworten geben kann, ist das Evangelium lebendig. Nur wenn sie sich verändert, kann sie ihrem eigenen Anspruch gerecht werden, »Freude und Hoffnung, Trauer und Angst der Menschen von heute, besonders der Armen und Bedrängten aller Art« zu teilen.

Persönlich wie als Ministerpräsidentin hat mich die MHG-Studie zu sexuellem Missbrauch durch Priester der katholischen Kirche zutiefst getroffen. Kinder und Jugendliche, aber auch Erwachsene, wurden da, wo sie Vertrauen, Schutz und Hilfe suchten, für ihr Leben an Leib und Seele verletzt. Und nicht nur das: Bis in die jüngste Gegenwart hinein wurden die Taten systematisch vertuscht und Täter geschützt. Jeder einzelne Bericht einer Diözese, der veröffentlicht wird, ist erschreckend. Und die Arbeit der Aufarbeitungskommissionen, die noch nicht einmal in allen Bistümern Deutschlands eingerichtet sind, zeigt schon jetzt, wie radikal die Erneuerung sein muss, um künftiges Leid zu verhindern. Die Verantwortlichen der Kirche – in Deutschland wie weltweit – müssen sich entscheiden, ob sie die systemischen Ursachen des Missbrauchsgeschehens ernsthaft bekämpfen oder nicht. Ich verstehe die Beschlüsse, die mehrheitlich auf der Synode gefasst werden, als gemeinsame Botschaft von Laien und Bischöfen: Wir wollen eine ehrliche Antwort auf das toxische Missbrauchsgeschehen geben. Wir wollen eine lebendige Zukunft unserer Kirche.

Die Welt verändert sich, und die Kirche muss sich mit verändern, wenn sie eine starke Stimme bleiben will und wenn sie den Menschen weiter Halt und Orientierung geben möchte. Ich persönlich bin davon überzeugt, dass Christen und Christinnen gerade in dieser Zeit des gesellschaftlichen Wandels gebraucht werden. Kirchen sind eine feste Säule unserer Gesellschaft. Sie treiben soziale und friedenspolitische Anliegen voran. Sie bieten Geflüchteten Unterkunft und Hilfe. Sie haben ein offenes Ohr für die Nöte der Menschen – und spiegeln sie an die Politik zurück, wenn das nötig ist. Mit ihren Kindergärten, Schulen, Krankenhäusern und Pflegeeinrichtungen übernehmen sie als Partnerinnen des Landes staatliche Aufgaben.

Kirche ist nicht für sich selbst da. Sie will für die Menschen da sein, und sie ist es. Das haben wir gerade in Rheinland-Pfalz im letzten Jahr dankbar erlebt. Während und nach der schrecklichen Flutkatastrophe im Ahrtal und der Eifel, die unser Land im Innersten getroffen hat, haben die beiden großen Kirchen zusammen mit anderen Kirchen und Religionsgemeinschaften fest an der Seite der Menschen gestanden und unterstützen sie bis heute. Sie haben Trost gespendet und die Betroffenen in ihren Schicksalsschlägen begleitet. Mit ihrer Erfahrung und ihrem großen professionellen Hilfe-Netzwerk waren und sind sie dort, wo sie gebraucht werden.

Und sie werden überall dort gebraucht, wo gesamtgesellschaftliche Anstrengungen notwendig sind und wo sich die Krisen unserer Zeit überlagen. In der Corona-Pandemie haben sich unzählige Menschen gesorgt und sorgen sich noch immer: um ihre Gesundheit, um ihre finanzielle Lebensgrundlage und um ihre Zukunft. Die tiefen Spuren werden immer sichtbarer, auch auf der gesellschaftlichen Ebene. Die Pandemie, das wissen wir, hat bestehende soziale Ungleichheiten verschärft und damit die Suche nach Gerechtigkeit und Solidarität, die Christen und Christinnen seit jeher leitet, neu herausgefordert.

Seit Monaten hält uns der furchtbare, völkerrechtswidrige Angriff Russlands auf die Ukraine in Atem. Ukrainer und Ukrainerinnen erleiden Unmenschliches und viele fliehen aus ihrer Heimat. Die Gewissheit meiner Generation, dass nach dem Zweiten Weltkrieg eine unverwüstliche europäische Friedensordnung entwickelt wurde, hat sich als Irrtum erwiesen. Christen und Christinnen sind in ihren Überzeugungen von einer gerechten Friedensordnung erschüttert. Zugleich halten sie am Glauben für Frieden und am Glauben an eine gerechtere Weltordnung fest. Diese Zuversicht ist sehr wertvoll in der gegenwärtigen Situation der Anspannung und Unsicherheit.

Eine der größten Zukunftsaufgaben ist der Klimawandel. Er ist nicht einfach ein Wandel – er ist eine echte Krise, die die Lebensgrundlagen von Menschen, Tieren und Pflanzen bedroht. Wir erleben ihn hierzulande in der Dürre des Sommers und am Zustand unserer Wälder. Weltweit ist die Lage noch verheerender. Von Naturkatastrophen, wie jüngst der Flut in Pakistan, sind Millionen von Menschen betroffen. Aus christlicher Perspektive ist die Bewahrung der Schöpfung ein göttliches Gebot. Papst Franziskus schärft uns ein, dass Ökologie und Ökonomie zwei Seiten derselben Medaille sind. Wir müssen Globalisierung neu denken und gerechter gestalten. Wir sollten diese Krise nutzen, um den Ausbau erneuerbarer Energien und Wirtschaftsreformen enorm zu beschleunigen. Dazu brauchen Bürger und Bürgerinnen die innere Kraft und die Zuversicht, dass sie die Entwicklung mitbestimmen können und nicht von ihr überrollt werden. Wir alle brauchen das Zutrauen, dass wir gemeinsam eine gute Zukunft gestalten können.

Ich setze darauf, dass Christen und Christinnen einen wesentlichen Beitrag zum Gelingen der großen Veränderungsprozesse leisten können, wenn sie die Zuversicht aus dem Evangelium den Unsicherheiten unserer Gegenwart entgegensetzen. Deshalb wünsche ich mir, dass die katholische Kirche den vom Synodalen Weg eingeschlagenen Weg konsequent weitergeht. Jetzt ist die Zeit, Zukunft zu wagen. Das Salz des Evangeliums darf nicht schal werden!

Verzeichnis der Autorinnen

Johanna Beck, 1983 geboren, ist Literaturwissenschaftlerin, Theologin und Publizistin. Als Mitglied des Betroffenenbeirats der Deutschen Bischofskonferenz arbeitet sie seit Anfang 2021 mit beim Synodalen Weg, dem Reformprozess der katholischen Kirche. Sie engagiert sich öffentlich für die Aufarbeitung des geistlichen und sexuellen Missbrauchs in der Kirche. Die Journalistin lebt mit ihrer Familie in Stuttgart.

Ulrike Böhmer, 1962 geboren, wohnt in Iserlohn. Sie durfte/musste zwei Diplomarbeiten in Religionspädagogik und Sozialpädagogik schreiben, hat sich dann aber entschieden, lieber freiberuflich zu arbeiten: zuerst als Kirchenkabarettistin, dann kam das Bücherschreiben dazu und seit kurzem sogar wieder die Religionspädagogik.

Katrin Budde wurde 1965 in Magdeburg geboren. Sie hat ein Studium zur Diplom-Ingenieurin für Arbeitsgestaltung absolviert und zog 1990 für die SPD in den Landtag von Sachsen-Anhalt ein. Von 2001 bis 2002 war sie dort Ministerin für Wirtschaft und Technologie, von 2006 bis 2016 Vorsitzende der SPD-Landtagsfraktion. Seit 2017 ist sie Mitglied des Bundestages.

Claudia Danzer, geboren 1992 in Karlsruhe, ist katholische Theologin. Sie arbeitet als Wissenschaftliche Assistentin und Doktorandin am Lehrstuhl für Fundamentaltheologie und Philosophische An-

thropologie an der Albert-Ludwigs-Universität Freiburg. Als Mitgründerin der Initiative »Mein Gott* diskriminiert nicht. Meine
Kirche schon« ist sie kirchenpolitisch aktiv und schreibt als Autorin und Redakteurin für y-nachten.de, den theologischen Blog der
Generation Y.

Malu Dreyer, 1961 in Neustadt/ Weinstraße geboren, ist seit 2013 Ministerpräsidentin von Rheinland-Pfalz. Die Juristin, die davor in
Mainz auch Anglistik und Theologie studierte, begann ihren Weg
in der Politik 1995 als Bürgermeisterin in Bad Kreuznach. 2002
wurde sie in Mainz zur Ministerin für Arbeit, Soziales, Familie
und Gesundheit ernannt. Die bekennende Katholikin lebt mit
ihrem Ehemann Klaus Jensen im Schammatdorf, einem inklusi-
ven und generationenübergreifenden Wohnprojekt nahe der
Benediktinerabtei St. Matthias in Trier. Das Zentralkomitee der
deutschen Katholiken wählte sie 2016 und erneut 2021 als eine von
45 Einzelpersönlichkeiten unter seine Mitglieder.

Andrea Fleming, 1968 geboren, lebt und arbeitet in München als freie
Journalistin. Kindheit und Jugend waren geprägt vom Engagement in der katholischen Jugendverbandsarbeit, danach engagierte sie sich in einer religiösen Gemeinschaft, der Fokolar-Bewegung, die sich für den ökumenischen und interreligiösen Dialog
stark macht. Christsein und Spiritualität in Gemeinschaft sind für
sie ein zentrales Thema. Dazu hat sie verschiedene Wohn- und Lebensformen ausprobiert.

Nora-Eugenie Gomringer, geboren 1980 in Neunkirchen/Saar, ist eine
schweizerisch-deutsche Lyrikerin. Sie lebt in Bamberg, wo sie seit
2010 das Internationale Künstlerhaus Villa Concordia als Direk-
torin leitet. Die Autorin, Dozentin und Performerin ist rund um
den Globus unterwegs. Im Herbst/Winter 2019 war sie Max-
Kade-Gastprofessorin am renommierten Oberlin College in
Ohio/USA. Sie errang zahlreiche Preise, unter anderem den wichtigen Jacob-Grimm-Preis Deutsche Sprache und den Ingeborg-
Bachmann-Preis. Die zitierten Texte entstammen ihrem 2020 bei

Voland&Quist erschienenen Band »Gottesanbieterin«. Wir danken für die Abdruckrechte.

Monika Grütters, 1960 geboren, ist Politikerin und seit 2005 für die CDU im Bundestag. Von 2013 bis 2021 war sie als Staatsministerin Beauftragte der Bundesregierung für Kultur und Medien. Sie bekleidet nicht nur viele Ämter innerhalb der CDU. Sie ist auch Mitglied im Zentralkomitee der deutschen Katholiken und wirkt mit am Reformprozess Synodaler Weg. Seit 1991 hat sie einen Lehrauftrag, zunächst an der Hochschule für Musik »Hanns-Eisler« Berlin, seit 1999 an der Freien Universität Berlin.

Felicitas Hoppe, 1960 in Hameln geboren, lebt in Berlin und im Schweizer Wallis und ist neben zahlreichen anderen Auszeichnungen Trägerin des Georg-Büchner-Preises. Sie verfasst Romane, Erzählungen und Kinderbücher und ist schreibend und vortragend weltweit unterwegs. Zuletzt erschien »Die Nibelungen«. 2021 erhielt sie den Kasseler Literaturpreis für grotesken Humor.

Ursula Kalb, geboren 1959 in Nürnberg. Nach dem Studium der Theologie arbeitete sie beim Caritasverband für die Diözese Würzburg auf einer Referentenstelle »Gemeindecaritas«. Sie ist Mitgründerin der Gemeinschaft Sant'Egidio in Deutschland und seit vielen Jahren Mitglied im Internationalen Präsidialrat der Gemeinschaft Sant'Egidio. Ursula Kalb wohnt in München und ist verheiratet.

Gerlinde Kretschmann, geboren 1947, studierte nach dem Abitur auf Lehramt und unterrichtete bis zu ihrer Pensionierung als Grundschullehrerin. Gemeinsam mit ihrem Ehemann, dem baden-württembergischen Ministerpräsidenten Winfried Kretschmann, hat sie drei erwachsene Kinder. Gerlinde Kretschmann war selbst viele Jahre politisch aktiv: unter anderem als Stadträtin für Bündnis 90/Die Grünen in Sigmaringen, davon einige Jahre als Fraktionsvorsitzende, und als Mitglied im Kreistag. Sie engagiert sich vielfältig ehrenamtlich, zum Beispiel bei der Stiftung Singen mit Kindern oder im Kuratorium der Alzheimer Stiftung Baden-Württemberg.

Gudrun Lux, geboren 1980 in Schweinfurt, ist Stadträtin für die Grünen in der Landeshauptstadt München. Nach einem Freiwilligeneinsatz in Guatemala hat sie Politikwissenschaft studiert und arbeitet heute als Redakteurin, Krisenkommunikationsberaterin und Rettungssanitäterin. Sie ist Mitglied des Zentralkomitees der deutschen Katholiken, Mitglied der Synodalversammlung und des Frauenforums des Synodalen Weges sowie Mitglied des Allgemeinen Rats der Katholischen Akademie in Bayern.

Andrea Nahles, 1970 geboren, ist eine ehemalige deutsche Politikerin und seit 1. August 2022 Vorstandsvorsitzende der Bundesagentur für Arbeit. Sie war von April 2018 bis Juni 2019 Vorsitzende der SPD-Bundespartei und von September 2017 bis Juni 2019 Vorsitzende der SPD-Bundestagsfraktion, in beiden Positionen als erste Frau. Zuvor war sie Bundesministerin für Arbeit und Soziales (2013-2017), SPD-Generalsekretärin und von 1995 bis 1999 Bundesvorsitzende der Jusos. Sie hat eine Tochter.

Christel Neudeck, geboren 1942 am Niederrhein, ist Sozialpädagogin. Mit ihrem 2016 verstorbenen Mann, Rupert Neudeck, hat sie das Komitee Cap Anamur (1979) und die humanitäre Organisation Grünhelme (2003) gegründet. Das Paar hat drei Kinder und sechs Enkelkinder.

Annette Schavan, geboren 1955, war 25 Jahre in Politik und Diplomatie tätig, unter anderem als Ministerin für Kultus, Jugend und Sport in Baden-Württemberg (1995-2005), als Bundesministerin für Bildung und Forschung (2005-2013) sowie als Botschafterin Deutschlands beim Heiligen Stuhl (2014-2018). Heute ist sie international tätig, nimmt seit 2014 eine Gastprofessur an der Shanghai International Studies University wahr und ist u.a. die Vorsitzende des Kuratoriums der Stiftung Erinnerung, Verantwortung und Zukunft in Berlin.

Gesine Schwan, 1943 geboren, ist deutsche Politikwissenschaftlerin und Mitglied der SPD. Viele Jahre lang war sie Mitglied der Grundwertekommission ihrer Partei, seit 2014 ist sie Vorsitzende des Gremiums. Von 1999 bis 2008 war sie Präsidentin der neugegründeten Europa-Universität Viadrina in Frankfurt (Oder) und von 2010 bis 2014 Präsidentin der Humboldt-Viadrina School of Governance. Heute leitete sie als Präsidentin das Nachfolgeprojekt Humboldt-Viadrina Governance Plattform. Sie hat 2004 und 2009 für die Bundespräsidentenwahl kandidiert.

Hubertine Underberg-Ruder, geboren 1962, ist promovierte Mikrobiologin und war zunächst für das Landwirtschaftsministerium der Niederlande tätig. Seit 1991 ist sie Präsidentin des Verwaltungsrates der Underberg AG in Dietlikon in der Schweiz. Sie ist in verschiedenen Leitungsgremien von Tochtergesellschaften der Underberg-Gruppe tätig. Daneben ist sie unter anderem stellvertretende Vorsitzende des Gesellschafterrats des Nürnberg Institut für Marktentscheidungen (vormals GfK e.V.) und Präsidiumsmitglied der Deutschen Universitätsstiftung. Sie beteiligt sich an diversen Umweltprojekten. Seit ihrer Jugend engagiert sie sich in Kirche und Ökumene. Sie ist Mutter von vier erwachsenen Kindern.

Susanne Marianne Wasum-Rainer, 1956 geboren, ist eine deutsche Diplomatin und war von 2018 bis 2022 Botschafterin der Bundesrepublik Deutschland in Israel. Zuvor war sie deutsche Botschafterin in Italien (2015-2019) und Frankreich (2012-2015). Sie ist in Mainz aufgewachsen und hat an der Johannes-Gutenberg-Universität Mainz, später auch an der Universität Passau und an der Ludwig-Maximilians-Universität München Rechtswissenschaften studiert. 1981 absolvierte sie ihr erstes, 1984 ihr zweites juristisches Staatsexamen. Sie ist verwitwet und hat eine Tochter.

Elisabeth Zoll, 1963 geboren, ist Journalistin bei der Südwest Presse Ulm und dort unter anderem für Fragen der Religionen zuständig. Sie hat Politik, Volkswirtschaft und Germanistik an der Ludwig-Maximilians-Universität München studiert und engagiert sich als Vorsitzende für die Stiftung Erinnerung Ulm.

Dank

Dieses Buch wäre ohne die Anregung und den Einsatz von Hubert Klöpfer nie entstanden. Für das Vertrauen und die freundschaftliche Beratung bin ich ihm zu großem Dank verpflichtet.

Das gilt auch für zwei weitere Personen, meinen Mann Thomas Seiterich und Annette Schavan. Von ihren Erfahrungen und Ermunterungen habe ich sehr profitiert.

Danke dafür.